Band 126

OutdoorHandbuch

Reinhard Dippelreither

Kilimanjaro Lesebuch

Mawenzi vom Mawenzi Tarn Camp

Kilimanjaro Lesebuch

Der Autor und der Verlag sind für Lesertipps und Verbesserungen (besonders per E-Mail) unter Angabe der Auflagen- und Seitennummer dankbar.

Dieses OutdoorHandbuch hat 160 Seiten mit 55 farbigen Illustrationen. Es wurde auf chlorfrei gebleichtem Papier gedruckt, in Deutschland klimaneutral hergestellt und transportiert und wegen der größeren Strapazierfähigkeit mit PUR-Kleber gebunden.

Dieses Buch ist im Buchhandel und in Outdoor-Läden erhältlich und kann im Internet oder direkt beim Verlag bestellt werden.

OutdoorHandbuch aus der Reihe „Fernweh Schmöker", Band 126

ISBN 978-3-86686-126-8 4., überarbeitete Auflage 2017

© BASISWISSEN FÜR DRAUSSEN, DER WEG IST DAS ZIEL und FERNWEHSCHMÖKER sind
  urheberrechtlich geschützte Reihennamen für Bücher des Conrad Stein Verlags

Text: Reinhard Dippelreither
Fotos: Reinhard Dippelreither, Mag. Gerhard Hirn und Afromaxx (Klappe)
Karten: Heide Schwinn
Lektorat: Kerstin Becker
Layout: Anna-Lena Ebner

Gesamtherstellung: Werbedruck GmbH Horst Schreckhase

Dieses OutdoorHandbuch wurde konzipiert und redaktionell erstellt vom:

Conrad Stein Verlag GmbH, Kiefernstr. 6, 59514 Welver,
☎ 023 84/96 39 12, FAX 023 84/96 39 13
✎ info@conrad-stein-verlag.de,
🖳 www.conrad-stein-verlag.de

Besuchen Sie uns bei Facebook & Instagram:

 www.facebook.com/outdoorverlage (Die Outdoor-Verlage)

www.instagram.com/die_outdoor_verlage (die_outdoor_verlage)

Titelbild: Conrad Stein

Inhalt

Vorwort

Wahrscheinlich hat kein Berg auf der Welt mehr Freunde als der Kilimanjaro, und nur wenige Berge sind international berühmter als er – Mt. Everest, Matterhorn, Aconcagua und vielleicht noch der Montblanc ausgenommen. Aber im Gegensatz zu diesen Gipfeln weist der Kilimanjaro einen entscheidenden Vorteil auf: Bei vergleichbarer Höhe ist er entschieden leichter zu besteigen.

Im Prinzip benötigt man dazu nicht mehr als gute Wanderschuhe, warme Kleidung und Schlafsack und schwupps, schon steht man oben – zumindest verspricht das die Tourismus-Werbung. Dass dem so sein kann, dass aber auch genau das Gegenteil eintreten kann, dass Not und Verzweiflung, blanker Irrwitz eine Besteigung dominieren können, möchte ich in diesem Lesebuch durch meine persönlichen Erfahrungen untermauern. Ich möchte Ihnen hier drei Besteigungen vorstellen – meine erste 1986, die zweite und dritte 1997, die vierte 2001 sowie die letzte von 2007 –, um den schmalen Grat, der Glück vom Unglück trennt, zu demonstrieren.

Ein Berg weist zahlreiche Facetten auf, die es alle wert sind beschrieben zu werden. Von dreien wollen wir Ihnen erzählen: von den Bewohnern, der Höhe und dem Schnee. Sie alle weisen eine Gemeinsamkeit auf. Was man so landläu-

Kibo von der Straße KIA-Marangu © Mag. Gerhard Hirn

fig über sie weiß, ist gleichermaßen richtig und falsch. Lassen Sie sich überraschen.

Weil kein Buch über einen berühmten Berg ohne Bericht über die Erstbesteigung auskommen kann, wird auch der Person des Dr. Hans Meyer breiter Raum gewidmet. Nicht nur seine Genialität, sein übergroßer Ehrgeiz und seine enorme sportliche Leistung, auch seine dunklen, dem Zeitgeist entsprungenen Seiten werden dabei vorgestellt.

Das „Kilimanjaro-Lesebuch" ist nicht als Ergänzung zum OutdoorHandbuch Band 44 der Reihe *Der Weg ist das Ziel* „Tansania: Kilimanjaro" gedacht, sondern hat seine Berechtigung als eigenständiges Werk über den „Äthiopischen Olymp". Wenn Sie eine Besteigung vorhaben, finden Sie dabei nicht nur unzählige praktische Tipps, sondern werden nach und/oder während der Lektüre dem Berg ihrer Begierde näher kommen und ihn auch in metaphysischer Weise verstehen. Diejenigen, die den mystischen Berg lieber von unten betrachten, tauchen lesend in eine neue Welt ein, die vielleicht dazu verleitet, doch die Wohnung der Götter zu besuchen.

Wie alles begann

Afrika ist ein absolut kompromissloser Kontinent. Entweder werden Nichtafrikaner spätestens am Ankunftsflughafen (oder bereits zu Hause) generell abgestoßen, oder sie werden unwiderstehlich, magisch angezogen. Dazwischen gibt es nichts – keinen Übergang, kein Vielleicht. An Ihrer nun quasi automatisch getätigten Schlussfolgerung gibt es nichts zu rütteln, sie ist völlig richtig – ich zähle zur Kategorie der magisch Angezogenen. Diese Affinität zum afrikanischen Kontinent zwingt mich, kaum von einer Reise zurückgekehrt, schon die nächste zu planen.

Es war zwar nicht so, dass ich mit einem markerschütternden „Afrika! Ich komme!" das Licht dieser Welt erblickte, aber meine Mutter erzählte mir, dass bereits im zarten Kindesalter von vier oder fünf Jahren Kinderbücher mit Afrikabezug mein ungeteiltes Interesse weckten. Da gab es Löwen und Elefanten, merkwürdige Bäume, riesige Schlangen und sonst gar manch Sonderbares. Die lustigen schwarzen, meist kleinen Männchen interessierten mich ebenfalls mächtig, auch dass sie manchmal Leute wie Sie und mich in dampfenden Kesseln „wuschen", fand ich äußerst lustig.

Dann kam die Zeit, in der man fürs Leben lernt, lernen sollte. Vorteilhaft war, dass ich lesen lernte. Zu den vielen Kinderbüchern gesellten sich nun die Comics hinzu, und ich musste erkennen, dass die Helden dieser Geschichten in den Kesseln nicht gewaschen, sondern gekocht wurden – merkwürdig. Schon damals nahm ich an, dass dies nicht den Tatsachen entsprechen konnte. Es folgten Karl May, Gerstäcker, Dafoe, Stevenson, Kipling, Twain usw., die obligate Jugendliteratur eben. Die Herrschaften waren zwar gottbegnadete Schriftsteller und rissen auch mich in ihren Bann, bezüglich Afrika verhielten sie sich aber wie die Schule – es kam nur am Rande, sozusagen der Vollständigkeit halber, vor.

Allerdings wurde durch sie meine Reiselust in einem Maß gestärkt, dass meinen Eltern bereits Monate vor den Sommerferien der Angstschweiß auf der Stirn stand. Nach einigen kürzeren – nicht genehmigten – Ausflügen in die nähere Umgebung meiner Heimatstadt bereiste ich mit 15 das erste Mal Europa. Eine tolle Sache für mich, weniger für meine Eltern – sie erfuhren von diesem Vorhaben erst durch eine Postkarte aus Marseille. Meine Europa-Ausflüge hatten einen höchst bedeutsamen „Nebeneffekt" – speziell in den Mittelmeeranrainerstaaten lernte ich Afrikaner kennen und konnte aus erster Quelle schöpfen. Da wurde plötzlich von einem Afrika berichtet, das nichts gemein hatte mit meinen kindlichen Vorstellungen und schon gar nichts mehr mit dem Afrika der Kinderbücher und der Comics – mein Bild von diesem Kontinent erfuhr seine erste Korrektur.

Abseits Europas las ich mich langsam aber kontinuierlich in die Geschichte der Erforschung Afrikas ein: Burton, Speke, Stanley, Nachtigall, Schweinfurth, Emin Pascha, Livingstone usw. Ich war begeistert, hier wurde berichtet von Pygmäen, die sich von Raupen und Fliegen ernähren, von Küstenbewohnern, die goldene Gewänder trugen, von bluttrinkenden Massai, von Kältedämonen, von Silber auf den Bergen, das zu nichts zerrinnt, sobald man es berührt, von Kultgebäuden, die im Erdinneren errichtet wurden, von riesigen Burganlagen usw. – das kann, darf man nicht einfach so hinnehmen und glauben, das muss man mit eigenen Augen sehen, das muss berührt werden, dort muss man hin, davon muss mehr erzählt werden.

Mein Afrikabild erfuhr eine zweite Korrektur – es gab also mehr zu bestaunen als eine einzigartige Tierwelt und spektakuläre Wasserfälle. Dass dieser Kontinent auch eine großartige Kultur vorzuweisen hat, wurde in meinem sozialen Umfeld mit keinem Wort erwähnt. Ich war von nun an von dem Gedanken besessen, diese Wissenslücken zu füllen. So handelten z. B. meine schulischen Referate durchweg von Afrika, Aufsätze im Deutschunterricht wiesen immer einen Afrikabezug auf. Genau betrachtet, stand ich mit meiner Vorliebe für Afrika aber allein auf weiter Flur, und manche hielten mich ganz einfach für verrückt.

Gleich und gleich gesellt sich gern. Es war daher nicht verwunderlich, dass bald eine Vertreterin des weiblichen Geschlechts in mein Leben trat, die eine ähnliche Biographie aufwies und daher von denselben Ideen besessen war wie ich. Lediglich aus Finanzmangel machten wir vorerst den Vorderen Orient unsicher, dann Nordafrika, um endlich 1983 in Kenia zu landen. Diese Reise hatte erstmals auch einen ganz realen Zweck – Feldforschung und Gesamtaufnahme des traditionellen Bootsbaues an der Swahili-Küste. Wir blieben fast ein Jahr in Kenia, 2/3 dieser Zeit verbrachten wir in Lamu. Es war eine überaus fantastische Zeit, und vorübergehend waren wir der Meinung, das sei das Ziel, das wir so lange suchten. Wir waren traurig, als wir Lamu verlassen mussten. Der Arbeitsplan sah nämlich noch vergleichende Studien in Tansania vor. Innerhalb von drei Monaten besuchten wir die Zentren des tansanischen Bootsbaues: Tanga, Pangani, Dar es Salaam, Sansibar.

Tansania entpuppte sich bald als Zentrum des Magneten Afrika, hier fühlten wir uns wohl, hier konnte man bleiben. Dass in diesen Jahren fast keine touristische Infrastruktur, dafür aber Nahrungsmittelknappheit und kaputte Autobusse an der Tagesordnung waren, störte uns dabei eigentlich nicht. Auch die Tatsache, dass wir so ziemlich die einzigen Europäer in diesem Land waren und von den Regierungsvertretern daher sehr beargwöhnt wurden – sobald eine Ortschaft über eine Polizeistation oder gar ein Immigration Office verfügte, wurden wir quasi automatisch vorgeladen – tat unserer Liebe zu diesem Land keinen Abbruch. Einziger Negativpunkt waren die relativ hohen Kosten dieser Zuneigung.

Gegen Ende der 80er-Jahre sah unser Leben so aus: Meine Freundin hatte eine schlecht bezahlte Assistenten-Stelle an der Universität Wien, ich widmete mich noch meinem Studium und musste es selbst finanzieren. Morgen für Morgen lag neben Tansania, trockenen Brötchen und schwachem Kaffee auch die Frage nach der Finanzierung des nächsten Trips dorthin auf dem Tisch. Die Diskussion eines anderen Reisezieles wurde nicht einmal mehr angedacht.

Es musste etwas geschehen! Es ging nicht an, dass wir in unsere Besessenheit laufend Geld hineinpumpten, und außer schönen Erfahrungen sowie großartigen Erkenntnisgewinnen kam dabei nichts 'raus. Dass viele unserer Freunde und

Bekannten zwischenzeitlich endgültig der Meinung waren, wir seien verrückt, muss, glaube ich, nicht extra erwähnt werden. Genau betrachtet, standen wir allein auf weiter Flur. Unsere Überlegungen förderten folgende Eckpunkte zu tage:

1.   Tansania ist mit touristischen Highlights prächtig versorgt: spektakuläre landschaftliche Schönheiten, enormer Tierreichtum, großartige kulturelle Stätten,

2.   unser umfangreiches theoretisches und praktisches Wissen über diese Phänomene lag brach,

3.   es waren sehr wenig Touristen im Land, weitaus die meisten aus dem eng-lischsprachigen Raum,

4.   es gab keinen deutschsprachigen Reiseführer über Tansania. Vielleicht war dies der Grund, warum fast keine Deutschsprachigen Tansania besuchten? Was lag also näher, als ein solches Buch zu schreiben.

Wir schrieben 98 Verlage an und informierten sie über unser Vorhaben. 95 freundliche, aber bestimmte Absagen, drei vorsichtige Zustimmungen waren das Resultat. Nach mehreren Gesprächen entschieden wir uns für eine Zusammenarbeit mit dem Conrad Stein Verlag – eine Entscheidung zwar mehr oder weniger aus dem Bauch heraus, die sich in der Folge aber als richtig herausstellen sollte. 1991 erschien der erste deutschsprachige Reiseführer, der sich nur und ausschließlich mit Tansania und Sansibar befasste. Ob die bald darauf steigenden deutschen, österreichischen und schweizerischen Touristenzahlen in Tansania auf diesen Umstand zurückzuführen sind, steht dahin.

Wie bereits gesagt, in den 80er-Jahren sah das Land fast keine Deutsch sprechenden Touristen, ab 1991 stieg deren Anzahl kontinuierlich an. An vorderster Front der touristischen Gunst standen (und stehen) dabei Sansibar und die nördlich gelegenen Nationalparks, vor allem der Kilimanjaro NP. Wie ich aus eigener Erfahrung wusste, ist eine Besteigung zwar ohne größere Probleme möglich, die Erfahrung, auch die eigene, zeigte aber auch, dass doch viele Touristen dieses Unternehmen zu sehr unterschätzen.

Abgesehen davon hatten sich seit unserer ersten Besteigung (1986, siehe übernächstes Kapitel) die Umstände stark geändert – die Anzahl von *Tour Operators* in Arusha und Moshi hatte sich vervielfacht; der daraus resultierende Konkurrenzkampf zeigte Formen, die fast kriminell waren. Dass mehr als eine Route auf den Gipfel existiert, hatte sich auch schon herumgesprochen, Kilimanjaro-Besteigungen wurden mittlerweile schon von mehreren Reisebüros* angeboten. Kurzum, innerhalb von fünf Jahren nach der ersten Auflage unseres ReiseHand-buchs über Tansania hatte sich der Kilimanjaro zu einem touristischen Höhepunkt entwickelt, dessen genaue Beschreibung – vor allem für Individualtouristen – dringend notwendig wurde, deren Umfang aber ein umfassendes „Tansania/San-sibar-ReiseHandbuch" sprengen würde. Die Entscheidung, ein eigenes Kilimanja-ro-Handbuch zu verfassen, drängte sich somit einfach auf. Es erschien 1997 in der ersten Auflage und dass es 2011 bereits in der 8. Auflage erschien, bestätigt die getroffene Entscheidung.

Dr. Hans Meyer und die Erstbesteigung

Erster und zweiter Versuch

Vordergründig betrachtet, waren die Ziele der ersten Afrikareise Meyers eindeutig wissenschaftlicher Natur. Die Erforschung der Biologie des Berges (vor allem die Frage ob Vulkan oder nicht) kann allerdings nicht losgelöst von kolonialgeografi-schen und -politischen Überlegungen gesehen werden. Ringsum betätigten sich britische Abenteurer, Kolonialisten und Forscher – Berge wurden erklommen, Nil-quellen entdeckt, Seen erforscht, Gebietsansprüche vertraglich fixiert usw.

Deutschland hatte sich erst vor kurzem entschlossen, sich an diesem Ringen zu beteiligen, und hatte in Ostafrika mit den Briten einen starken Gegner. Meyer wollte mit der Besteigung des Kilimanjaro ein endgültiges Zeichen in diesem Rin-gen setzen: Die Grenze Kenia-Tanganyika war zwar mit den Briten schon verhan-delt, und der Kilimanjaro lag dabei auf deutschem Gebiet, die Verträge lagen aber noch nicht in schriftlicher Form vor. Dies sollte erst 1890 mit dem Helgoland-Sansibar-Vertrag der Fall sein.

Für Meyer war es unumstößlich, dass der „höchste Berg Deutschlands" auch von einem Deutschen erstbestiegen werden müsse. Denn seiner Meinung nach könnte die deutsche Flagge am Gipfel des Kilimanjaro etwaigen Änderungen der Verhandlungsinhalte entgegengesetzt werden und somit den deutschen Gebiets-anspruch untermauern. In mittelalterlicher Manier wurde somit der Gipfel des Kilimanjaro von Meyer zum Symbol der Macht stilisiert. Dass man dabei den Berg

Blick zum Kibo vom „Last Water Point"

erst einmal den Bewohner wegnehmen musste, wurde nicht einmal ansatzweise diskutiert. Das Scheitern des ersten Besteigungsversuches 1887 auf Grund des Fehlens technischer Ausrüstung (Pickel, Steigeisen, Seile usw.) war daher doppelt schmerzlich.

Oben angeführte Überlegungen sind auch als Grund für das rasende Tempo zu sehen, mit dem Meyer die Besteigung danach forcierte. Es darf dabei auch nicht unerwähnt bleiben, dass der finanzielle Aufwand (Meyer finanzierte seine Reisen fast ausschließlich selbst) immer beträchtlicher wurde. Kaum zu Hause angekommen, wurde die nächste Expedition ausgerüstet und so nebenbei schaffte er es auch noch, im selben Jahr ein Buch über die Erlebnisse des gescheiterten ersten Versuches zu schreiben, „Zum Schneedom des Kilimandscharo".

Offiziell stand auch bei der zweiten Expedition 1888 die Wissenschaft im Vordergrund. Die bei der ersten Expedition gewonnenen Erkenntnisse über den Berg sollten vertieft bzw. noch offene Fragen endgültig gelöst werden. In erster Linie betraf das die Geologie des Berges. Die zuvor genannten kolonialpolitischen

Gründe drängten aber zusehends in den Vordergrund, der Berg musste so schnell wie möglich bestiegen werden. Leider scheiterte dieser 2. Versuch aber bereits weit vor dem Kilimanjaro auf dramatische Weise durch die Gefangennahme Meyers und seines Begleiters Dr. Oskar Baumann mit anschließender Lösegeldzahlung.

Ausgangspunkt dieser 2. Expedition war Sansibar – Anmietung der Karawane, Erlaubnis des Sultans einholen usw. Als Meyer und Baumann dort ankamen, brannten bereits die gesamte Küste und auch Teile des Hinterlandes in den Flammen eines Aufstandes.

Das war allgemein bekannt, aber Meyer ignorierte diesen Umstand einfach und machte sich auf den Weg. Diese Vorgehensweise ist vergleichbar einem Urlaub 2015 oder 2016 im Irak oder Syrien. In nahezu selbstmörderischer Absicht änderten die beiden dabei sogar die ursprüngliche Reiseroute: Geplant war eine Fahrt per Schiff nach Mombasa, um dort den Fußmarsch zum Kilimanjaro aufzunehmen; tatsächlich marschierte man aber schon in Pangani, dem Zentrum und Beginn des Aufstandes, los.

Über die Gründe dieser plötzlichen Änderung wurde und wird viel spekuliert. Mit hoher Wahrscheinlichkeit lag der Wunsch zu Grunde, die Usambara-Berge zu kartographieren. Um die tatsächliche Ursache des Scheiterns bzw. der geradezu fahrlässigen Vorgehensweise Meyers zu verstehen, muss man etwas über die Persönlichkeit des Mannes wissen.

Hans Meyer entstammte einem wohlbestallten Hause und wuchs in sehr geregelter Umgebung auf. Den Grundstock für das Familienvermögen legte sein Großvater Joseph Meyer, der 1826 in Hildburghausen/Thüringen das „Bibliographische Institut" gründete. Dieses gab u. a. seit 1840 das heute nicht mehr existente „Meyers Conversationslexikon" heraus. Sein Vater Hermann Julius Meyer verlegte 1874 den Firmensitz nach Leipzig, wo auch Hans Meyer, obwohl in Hildburghausen geboren (22.3.1858), letztlich seine eigentliche Heimat fand. Nach Erwerb des Reifezeugnisses 1877, wandte er sich einem universellen Studium in Leipzig, Berlin und Straßburg zu (Hauptfächer Geschichte und Staatswissenschaften, daneben aber auch Germanistik, Geografie, Völkerkunde, Botanik). 1881 promovierte er mit der Arbeit „Die Straßburger Goldschmiedezunft von ihrer Entstehung bis 1681" zum Dr. phil. – von Forscherdrang, Abenteurertum, Kolonialpolitik usw. also noch keine Spur.

1881/82 unternahm Meyer eine Weltreise, über deren Ergebnisse er 1884 in seinem ersten Buch „Eine Weltreise" berichtete. Im selben Jahr wurde er Teilhaber des „Bibliographischen Institutes" und gehörte mit seinen Brüdern Arndt und Herrmann dessen Geschäftsführung an. Die Weltreise dürfte eine Art Initialzündung für Meyer gewesen sein. Erst danach kristallisierten sich die für sein Leben typischen Merkmale heraus: ein unbedingter Glaube an Deutschlands Größe und Leistungskraft und das daraus resultierende extrem hohe Engagement für die Kolonialpolitik. Mehr oder weniger logisch mündete dies in einen neuen Beruf – Dr. Hans Meyer wurde quasi über Nacht zum (Kolonial)-Geografen und betonte immer, dass ihn nicht Schule/Studium, sondern das spätere Leben zu diesem Beruf drängte.

Hans Meyer war glühender Nationalist und äußerst aktiver Befürworter der Kolonialidee. Seinen übergroßen Forschergeist stellte er voll und ganz in den Dienst des deutschen Kolonialismus, und man muss seine Publikationen nicht besonders aufmerksam lesen, um zu dem Schluss zu gelangen, dass er auch Rassist gewesen ist. Die afrikanische Bevölkerung der Kolonien hatte für ihn lediglich den Status von Produktivkräften, und die Weißen, insbesondere die Deutschen, waren seiner Meinung nach aus kultureller Überlegenheit dazu berufen, Afrika und die Afrikaner zu beherrschen.

Sein Begleiter, der äußerst verdienstvolle österreichische Topograph Dr. Oskar Baumann, war aus noch weitaus gröberem Holz geschnitzt. Er hatte eindeutig persönliche Schwierigkeiten im Umgang mit den „Wilden" und „Primitiven" und ließ sich auch gerne zu Handgreiflichkeiten hinreißen. In seiner Rücksichtslosigkeit bei der Durchführung von Forschungsreisen scheint er nur von Henry Morton Stanley – „Mr. Livingstone, I presume?" – übertroffen worden zu sein.

Genau betrachtet, haben wir es hier also mit zwei hervorragenden Wissenschaftlern und überheblichen Herrenmenschen zu tun, die gewohnt waren, dass sie die Umstände schufen und nicht, dass sie sich diesen unterordneten. Dazu gesellte sich noch, dass Meyer seine erste Niederlage am „Schneedom" noch nicht verdaut hatte, auch sein sportlicher Ehrgeiz war geweckt und sollte sich noch bis zum Fanatismus steigern.

Dritter Versuch

Nach dem Desaster von 1888 fand Meyer keine Ruhe mehr, wieder wurde in Rekordtempo eine neue Expedition ausgerüstet. Meyer fand nicht einmal Zeit, ein

Buch über diese Expedition zu schreiben. Geld spielte keine Rolle, Meyer begann zu klotzen und ordnete seinem höchstpersönlichen Ziel, den Kilimanjaro unter seine deutschen Sohlen zu bekommen, alles unter. Über seine Beweggründe referierte er 1890 im Vorwort des Buches „Ostafrikanische Gletscherfahrten".

Mawenzi vom Kraterrand © Mag. Gerhard Hirn

Er warf dabei dem Deutschen Reich vor, die geografische Erforschung der deutschen Schutzgebiete in Ostafrika bislang sträflich vernachlässigt zu haben, die doch aber „die Grundlage aller Kultivationsarbeit sei". Deswegen habe er seine Person und seine Mittel „in den Dienst der geographischen Erforschung von Deutsch-Ostafrika gestellt und in drei Expeditionen sein Bestes zu tun versucht, um die geographisch interessantesten und für die Kultivation wichtigsten Gebiete des Landes unserer Kenntnis näher zu bringen ... Daneben erschien es mir fast als eine nationale Pflicht, dass der Gipfel des Kilimandscharos, wahrscheinlich des höchsten afrikanischen und zweifellos des höchsten deutschen Berges, der von einem Deutschen (Rebmann) entdeckt und von einem Deutschen (von der Decken) zuerst näher untersucht worden ist, nach allen Bemühungen englischer Reisender doch zuerst von einem deutschen Fuß betreten werde."

Als scharfer Analytiker hatte er mittlerweile erkannt, dass dieses Vorhaben nur mit Hilfe eines Profi-Bergsteigers erfolgreich enden konnte, der beste war da gerade gut genug. Der am 6.10.1849 in Innsbruck geborene Ludwig Purtscheller war im Hauptberuf Turnlehrer in Salzburg, im Nebenberuf war er der berühmteste und auch in Fachkreisen anerkannteste alpinistische Pionier und Bergsteiger seiner Zeit. Er gilt als Erschließer der Ostalpen und bestieg über 1.600 Berge, davon viele als Erster. Er erforschte den Kaukasus – Erstbesteigung des Elbrus, 5.640 m – und war bereits damals vehementer Verfechter einer sauberen Um- und Bergwelt sowie des „sanften Tourismus".

Purtscheller fungierte während der 3. Meyerschen Expedition nicht nur als bergsteigerischer Experte, sondern auch als „Arzt" auf dem Marsch von Rabai zum Kilimanjaro, „indem er (jeden Abend) den herbeigerufenen Kranken Arzneien für ihre Fußwunden, Dornenstiche, Geschwüre, Brandblasen und dergl. verabreicht". Wie nicht anders zu erwarten, verunglückte Purtscheller im Sommer 1899 bei einer Tour zum Aguille du Dru nahe Chamonix, infolge der schweren Verletzungen zog er sich eine Lungenentzündung zu und starb am 3.3.1900 in Bern.

Bereits Ende Juni 1889 schiffte man sich in Genua ein und fuhr Richtung Sansibar. Bezeichnend für den meyerschen Fanatismus ist dabei, dass der noch immer tobende Aufstand in Tanganyika wieder ignoriert wurde. Das Gelingen dieser Expedition war purer Zufall und hatte mit der an sich großartigen Organisation nicht das Geringste zu tun. In Aden mussten die beiden das Schiff wechseln, dabei wurde ein Teil der Ausrüstung, nämlich Zelte, Feldbetten, Tische, Stühle, Waffen, leider auch die Steigeisen von Meyer, irrtümlich nach Colombo gesandt und war für die Expedition verloren, konnte aber größtenteils in Sansibar wieder ersetzt werden. Dort angekommen, ließ er den bereits im Vorjahr getesteten und für fähig befundenen indischen Kaufmann Sewah Hadschi wieder Personal anwerben.

Die Karawanen-Crew

Die persönliche Leibgarde Meyers bestand aus sechs Somali, ihr stand „Bwana" Ali, 26 Jahre, vor. Dieser begleitete Meyer bereits bei seiner 2. Expedition und wurde mit ihm ebenfalls gefangen genommen, bis auf die nackte Haut ausgeplündert und wieder davongejagt. Meyer beschreibt ihn als einsichtig, energisch und ehrlich. Wichtigstes Charakterelement jedoch lt. Meyer: „...vertritt aber stets das

Interesse seines Herren". Meyer findet es auch noch erwähnenswert, dass der gute Ali fünf Sprachen fließend beherrschte: Englisch, Arabisch, „Hindostanisch", Kisuaheli und seine „Somali-Mundart".

Die Leibgarde bestand aus Achmed, „dem Braven", auch Mitte zwanzig – war ebenfalls bei der 2. Expedition schon dabei, „ein Muster an Gutwilligkeit und unverdrossener Pflichterfüllung". Er fungierte als persönlicher Diener des Herrn Meyer: Gewehr tragen, Zelt aufstellen, Bett machen, bei Tisch servieren, Wäsche waschen. Mohammed Ali (Arali), 30 Jahre, war schon bei der zweijährigen Teleki/Höhnel-Expedition dabei, seine Aufgabe war die wöchentliche Vergabe der Warenration an die Träger sowie der Einkauf von Lebensmitteln für die beiden Herren und die Leibgarde. Jama Seif war ein „mutiger Kämpe" und hatte in Aden bei den Briten gedient, er fungierte als Koch, „...aber über Hühnerragout und Tomatensuppe erhebt sich sein gastronomisches Wissen und Können nicht".

Die übrigen zwei Somali klassifiziert Meyer wie folgt: „Der hagere, fast nervöse, flinke Mohammed ist der Beste, der langsame und verschlossene Bulhan der Schlechteste". Bezüglich dieser „Aristokraten der Karawane" notierte Meyer in seinem Tagebuch: „Das Mitnehmen von Somali geht aus dem Bedürfnis hervor, in der Karawane ein landesfremdes Element zu haben, das mit der Menge der Suaheli-Träger nicht gemeinsame Sache macht, sondern durch seine isolierte Lage gezwungen, die Interessen des Herrn vertritt und von des Herrn Wohlergehen das eigene Wohlbefinden abhängig sieht".

Der Träger- und Askari-Karawane standen zwei Hauptleute vor. Der erste Hauptmann (Niampara) war Abedi, „...von wenig äußerer Autorität behaftet". Der zweite Hauptmann war Hailallah, „...besser als der erstgenannte, dennoch ein Trinker, Schwätzer, Intrigant".

Als einziger den Somalis Ebenbürtiger aus der Karawane wird Muini Amani hervorgehoben. Er stammte aus Pangani und war ein Profi-Reisender. Er begleitete die glücklose Expedition Dr. Fischers 1882, zog mit zahllosen arabischen Karawanen bis nach Uganda und begleitete auch Meyer bei seiner 2. Expedition 1888. Er war der eigentliche Führer dieser Expedition und „durfte" die deutsche Flagge tragen. Er wird von stahlharter Konstitution, zäher Willenskraft und gutmütiger Unverdrossenheit besessen beschrieben. Muini Amani war neben den Somalis und den beiden Europäern der einzige Freie der Karawane, der Rest waren Sklaven.

Erwähnung finden noch Ben Juma, das „kleine fleißige Männchen", Ben Nura, „der unermüdliche Vorsänger auf dem Marsch", Mbassa, „der Witzbold", der „scheeläugige Islamist Hassani, der immer coram publico betet" sowie die „immer genügsamen Wanyamwesi". „Alles Übrige ist charakterloses Volk, das beständig in Erwartung der Peitsche leben muss, um nicht unverschämt und widerspenstig zu werden."

Anmarsch

Nachdem beim Sultan von Sansibar die Karawane registriert und von englischer Seite sämtliche Erlaubnisse eingeholt worden waren, englisches Gebiet zu durchziehen, ging's mit dem britischen Kriegsdampfer „Somali" nach Mombasa, von dort per Ruderboot flussaufwärts bis zum Landepunkt der Missionsstation Rabai.

Am 6. September begann die lange Wanderung zum Kilimanjaro. Vorneweg Muini Amani mit der Flagge, dann, falls nicht ein Wegkundiger vor Ort angeheuert wurde, Meyer, dann Achmed gewehrtragend, gefolgt von den anderen Somalis, dann die gesamte Trägerkolonne, die Nachhut bildete Purtscheller mit den beiden Wa-Niampara.

Am 17. September war der Karawanen-Knotenpunkt Taveta erreicht, kurz darauf Modschi/heute Old Moshi, von wo man am 25. September in Richtung Marangu abmarschierte und das noch am selben Tag von der Karawane vollzählig erreicht wurde.

Der Empfang beim alten Freund Mareale I. in Marangu war herzlich und warm, die Besteigung bald durch Übergabe von Geschenken und Bargeld ausgemacht. Die nächsten Tage wurden der Errichtung eines stationären Lagers gewidmet. Meyer hatte dabei an alles gedacht, er führte sogar Samen für Salat, Kresse, Spinat und Radieschen mit und pflanzte seinen eigenen Gemüsegarten. Am 28. September mittags war es endlich soweit, der Kilimanjaro wurde in Angriff genommen.

Die Berg-Crew bestand aus neun Trägern aus der Karawanen-Crew. Weiter waren dabei der Somali Achmed, der im Mittellager als Koch für das leibliche Wohl der Mannschaft sorgte. Dann noch Mohammed und Abdallah, der „gewandtere Niampara" (Hailallah), und der „findige Pangani-Neger Muini

Amani". Die restliche Karawanen-Crew blieb in Marangu unter dem Befehl von Ali zurück.

Von Mareale I. wurden zwei Führer bereitgestellt – der 18-jährige Johani Kinyale vom Clan der Lauwo und Jonathan Mtu. Erster begleitete Meyer und Purtscheller bis zum Basislager (4.330 m). Er ist inzwischen zum tansanischen Nationalhelden avanciert, denn nach tansanischer Lesart hat es Meyer nur Kinyale zu verdanken, dass er den Weg zum Basislager fand. Das mag stimmen, denn die Lauwos waren berühmte Elefantenjäger im Lande der Chagga, deren Jagdgebiet der Regenurwald des Kilimanjaro war. Und Elefanten gab es damals noch zuhauf in diesem Wald.

Monjo-River in Marangu

Mit an Sicherheit grenzender Wahrscheinlichkeit kannte Kinyale den Urwald wie seine Westentasche. Dass ihn Meyer in seinem Bericht namentlich überhaupt nicht und indirekt auch nur einmal erwähnte, kann ebenfalls als Indiz für die Bedeutsamkeit Kinyales gewertet werden. Kinyale fand jedenfalls Gefallen an seinem neuen Beruf und übte ihn noch knapp 70 (!) Jahre aus. Als er das biblische Alter von 100 Jahren erreichte, schenkte ihm die TANAPA in Würdigung seiner Verdienste ein neues Haus. Mzee Lauwo starb am 10.5.1996 125-jährig!

Erstbesteigung

Der Besteigungsplan Meyers war auf 100%igen Erfolg ausgerichtet und wahrlich gut durchdacht, dem Zufall blieb eigentlich keine Chance. Die Anmarschroute folgte mit nur geringen Abweichungen bis zum Fuß des Kibo der von 1887; in groben Zügen entspricht das der heutigen Marangu-Route. Nach zwei temporären Lagern am Unterrand des Urwaldes knapp unter 2.000 m und am oberen Rand desselben auf 2.650 m wurde am 30. September in 2.890 m Höhe ein stationäres „Mittellager" eingerichtet: ein großes Zelt aus Leinen für die beiden weißen Herren, zwei mit Laub gepolsterte Gras- und Reisighütten für die Mannschaft.

Dieses Lager war das Herzstück der Meyer'schen Logistik. Er hatte erkannt, dass seine Vorgänger ihre Versuche auch deswegen verfrüht abbrechen mussten, weil ihnen die Lebensmittel ausgingen. Täglich liefen Träger nach Marangu und holten frische Lebensmittel, täglich wurde auch das Meyer'sche Basislager in 4.330 m mit Lebensmitteln vom Mittellager aus versorgt. Auf diese Weise konnte man es wochenlang am Berg aushalten, solange bis der Aufstieg geschafft war. Tatsächlich bestand das Lager mehrere Wochen. Der Marsch bis zum Mittellager schien nicht allzu anstrengend gewesen zu sein, da man fast durchwegs auf bereits vorhandenen Pfaden schreiten konnte.

Das eigentliche Basis- oder Kibolager lag eineinhalb Tagesmärsche oberhalb des Mittellagers am Sattelplateau unter dem Viermännerstein, war ca. 2,5 km von Fuß des Kibo-Kegels entfernt und bestand aus einem Biwakzelt für die beiden Europäer. Muini Amani – wir erinnern uns: „der findige Pangani-Neger" – war der Einzige, der hierbleiben musste. Er war zuständig für die Bewachung des Zeltes während der Abwesenheit der beiden und fürs Suppe-Kochen, wenn diese anwesend waren. Als Schlafplatz hatte er eine Felsspalte gefunden.

Am 3.10. 2:30 marschierten Meyer und Purtscheller, bewaffnet mit Instrumenten, Pickel, Seil, Gletscherbrillen und Laternen, gen Kraterrand. Um 7:00 wurden in 5.000 m Höhe die ersten Schneefelder erreicht, um 8:15 die Höhe von 5.200 m mit halbstündiger Rast. Um 9:50 ist 5.480 m, der untere Rand der geschlossenen Gletscher, erreicht. Purtscheller packte Seile und seine Steigeisen aus (die von Meyer lagen leider in Colombo). Um 10:30 wurde der Gletscher in Angriff genommen. Die Schwierigkeit seiner Bezwingung lag an seiner Steilheit mit ca. 35 %. Nun kam Purtscheller das erste Mal richtig zum Einsatz, jede Stufe, die er in den Gletscher schlug, erforderte an die 20 Pickelhiebe. Um 12:20 war eine Höhe von 5.700 m erreicht. In dankbarer Erinnerung an einen verehrten Lehrer und Freund benannte hier Meyer den Gletscher als Ratzel-Gletscher.

Der schwierigste Teil der Gletscherquerung lag aber noch vor ihnen – ein endlos erscheinendes Büßerschneefeld – ☞ Kap. „Kampf um Schnee und Eis". Man ließ jedoch nicht nach und blickte gegen 14:00 in 5.870 m Höhe in den Krater – wieder war ein geografisches Rätsel gelöst. Nach einigen Minuten bereits hatte man erkannt, dass man nicht am höchsten Punkt des Kraterrandes stand. Dieser war nach Schätzung der beiden noch ca. 1½ Stunden entfernt. Die Entscheidung Biwak oder Rückmarsch war schnell gefällt: Es ging sofort (14:20) zurück! Die Ursachen für diese Entscheidung liegen klar auf der Hand und werden von Meyer auch so mitgeteilt: Erschöpfung, keine geeignete Ausrüstung (Zelt) dabei, aus dem Regenurwald begann Nebel aufzusteigen, und der konnte den Rückmarsch zum Basislager gefährden.

Obwohl Purtscheller auf dem Rückweg eine „Ohnmachtsanwandlung" hatte, blieb ihm nicht erspart, die Stufen erneut in den Gletscher zu schlagen, die Sonne hatte sie abgeschmolzen. Kurz vor 19:00 erreichten sie das „gastliche Zeltchen" am Basislager. Muini hatte Reis mit Dörrfleisch gekocht, zu dem man sich einen „tüchtigen Schluck Kognak" genehmigte.

Durch die Kraterrandbesteigung schlauer geworden, verlegte man am 5.10. das Basislager auf eine Höhe von 4.650 m in eine offene Lavahöhle. Muini durfte sich aus drei Wolldecken und einigen Büscheln Strohblumen ein „leidlich warmes" Lager herstellen – Nachttemperatur: -12°.

Halbwegs ausgeruht, wurde am 6.10.1889 um 3:00 erneut zum Gipfelsieg geblasen. Es wurde zuerst die Route vom 3.10. gewählt, die ins Eis gehauenen Stufen waren noch soweit in Ordnung, dass sie nur geringer Nachbesserungen bedurften, bereits um 8:45 war der Kraterrand erreicht.

Wie übermächtig, übermenschlich (oder unmenschlich?) das Wollen Meyers zum Sieg war, ist kaum vorstellbar. Schon der 14-tägige Anmarsch war eine gewaltige Leistung, dann die enorm kräfteraubende Erstbesteigung des Kraterrandes. Die Strapazen manifestierten sich in wunden Füßen, verbrannten Gesichtern (Gletscherbrand), trotz Gletscherbrillen extrem schmerzenden Augen (beginnende Gletscherblindheit) sowie einer allgemeinen Zerschlagenheit. Dazu kam noch, dass Meyers Nerven blank lagen, er stand unter enormem Erfolgsdruck. Er hatte zwar am 3.10. das letzte große geografische Rätsel Afrikas gelöst – der Kilimanjaro ist ein Vulkan! –, doch für den Kolonialgeografen/-politiker war das nur Beiwerk – er wollte den absoluten Sieg.

Endlich, um 10:30 war der Triumph perfekt, und eine kleine, im Rucksack mitgetragene deutsche Fahne wehte auf dem höchsten Punkt des Kraterrandes des Kilimanjaro, der „Kaiser-Wilhelm-Spitze" getauft wurde. Die Symbolkraft dieses eigentlich lächerlichen Aktes der Flaggenhissung auf einem simplen Geröllhaufen überstrahlte in diesen Tagen das gesamte wissenschaftliche Werk Meyers zum Kilimanjaro (und zu Ostafrika) um ein Vielfaches. Nicht nur für Meyer war es ein Freudentag, den er in „festlicher, weihevoller Stimmung" beging, auch Purtscheller freute sich, er war an diesem Tag 40 Jahre alt geworden.

Nachdem Meyer seinen wissenschaftlichen Neigungen gehuldigt hatte – Lage- und Höhenbestimmung, sammeln, zeichnen, skizzieren, beschreiben, usw. – und kurz bevor man gegen 11:00 den Rückweg antrat, lieferte Meyer, der ja gerade die Wohnung der Götter betreten hatte, also auch selbst Gott geworden war, noch schnell ein Pröbchen seiner frisch gewonnen Macht. Er demütigte den afrikanischen Riesen, indem er ihm den obersten Stein wegnahm und in seinen Rucksack steckte, er schnitt ihm sozusagen die Spitze ab, entmannte ihn. Der Stein (und einige weitere) wurde kurz nach Meyers Rückkehr anlässlich einer Audienz Kaiser Wilhelm überreicht und anschließend im Prunksaal des Potsdamer Schlosses als äußeres Zeichen der Macht über Afrika ausgestellt.

Gleichsam als äußeres Zeichen des Niederganges dieser Macht sind auch diese Steine im Lauf der Jahre wieder verschwunden – die heute zu besichtigenden Exemplare sind nicht die von Meyer überreichten Originalsteine.

Während des Abstieges rutschte Meyer am Ratzel-Gletscher aus und wäre fast abgestürzt, gegen 15:00 erreichten die beiden das Basislager, lösten es auf und marschierten mit Muini zurück, genächtigt wurde wieder nahe dem Viermännerstein. Man wollte nun eigentlich noch schnell den Mawenzi besteigen, doch einer der Proviantläufer brachte die Mitteilung, dass in Marangu Streitereien über die von Meyer aufgepflanzte Flagge des Deutschen Reiches aufgetreten seien. Meyer stieg sofort ab, erreichte noch am selben Tag das Mittellager, und schon am nächsten Tag (8.10.) konnte er in Marangu die Probleme dahingehend bereinigen, dass er flugs eine Hausflagge für Mareale erfand, die am selben Mast über die des Deutschen Reiches gesetzt wurde.

Meyer blieb noch fast zwei Monate in der Region und unterzog den Krater sowie die Nord- und Westseite des Kilimanjaro einer wissenschaftlichen Untersuchung. Er vermaß auch den Mawenzi und absolvierte drei erfolglose Besteigungsversuche. Zuletzt erforschte der Unermüdliche auch das südlich gelegene Ugueno-Bergland.

Am 29.11. verabschiedete man sich schweren Herzens von Mareale I. und marschierte mit Muini an der Spitze wieder über Taveta nach Mombasa,

Protea kilimanjarica, Blüte
© Mag. Gerhard Hirn

wo man ohne nennenswerte Zwischenfälle anlangte. Am 15.12.1889 schiffte sich die gesamte Karawane auf Daus nach Sansibar ein, das in drei Tagen erreicht wurde. Die Trägerkarawane wurde aufgelöst, die Träger entlohnt, die „Braven" erhielten eine „erkleckliche Zulage", heute als Trinkgeld bekannt.

Am 25.12.1889 nahm Meyer anlässlich einer Privataudienz beim Sultan Seyid Khalifa von Sansibar in Anerkennung seiner Forschungsreisen den Orden zum „Strahlenden Stern" entgegen. Am 3.1.1890 verließ Meyer mit Purtscheller, der schwer unter Malaria zu leiden hatte, und seiner Somali-Leibgarde auf dem Dampfer „Amazone" Sansibar. In Aden wurden die Somalis entlassen und entlohnt. Nach 18 Tagen Schiffsreise lief die „Amazone" in Marseille ein, Purtscheller fuhr zur Erholung nach Italien, Meyer nahm den Schnellzug über Paris nach

Leipzig, wo er rechtzeitig zur Geburtstagsfeier Kaiser Wilhelms im Kreis seiner
Lieben eintraf.

Einige Tage später geruhte das deutsche Reichsoberhaupt in einer Audienz
gnädigst, den Bericht Meyers und die Widmung der „Kaiser-Wilhelm-Spitze"
anzunehmen.

Verwirrung und Ende des Dr. Meyer

1891 heiratete Meyer die Tochter des berühmten Zoologen Ernst Haeckel, 1894
besuchte er die Kanaren und legte die erste wissenschaftliche Landeskunde der
Inselgruppe vor, 1898 kam er noch einmal zum Kilimanjaro zurück. Die letzten
offenen Fragen vor allem vulkanischer Natur wurden bei dieser Reise geklärt. Später entwickelte sich die Vulkanologie tropischer Berge zu seinem Spezialgebiet;
dass dabei nach wie vor der kolonialpolitische Gedanke an erster Stelle stand, war
klar. Bereits die 4. Afrikareise wurde „in dankenswerter Weise gefördert durch die
Kolonial-Abteilung des Auswärtigen Amtes und durch den Gouverneur von
Deutsch-Ostafrika Hrn. General Liebert".

Auch bei seiner letzten Afrikareise (1911 nach Ruanda ins Land der Virunga-
Vulkane) reiste er als offizieller Vertreter des Reichskolonialamtes – allerdings auf
eigene Kosten. 1915 (!) schied er aus dem Verlag seiner Familie aus und wurde
Professor für Kolonialgeografie und Direktor des Kolonialgeografischen Instituts
an der Universität Leipzig. Das Institut wurde durch finanzielle Zuwendungen der
Familie Meyer gegründet.

Nachdem die deutschen Kolonien verloren waren, kam er zur Erkenntnis, dass
ein von Ostafrika bis Kamerun zusammenhängendes mittelafrikanisches Kolonial-
reich angestrebt werden müsse, um die militärischen Schwächen der Gegenwart
zu neutralisieren. Er blieb auch nach 1918 bei der eindeutig imperialistischen
Meinung derer, die das politisch Vertretbare oder gar Machbare völlig aus den
Augen verloren hatten, dass sich Deutschland wieder in den Kreis der Kolonialmächte einzureihen habe. 1922 lehnte er eine angebotene Karriere als Gesandter
des Auswärtigen Amtes in Santiago de Chile oder Peking oder Lissabon ab, um
weiterhin die studierende Jugend an der Universität Leipzig von den Vorteilen des
kolonialen Gedankens, aber auch über seine wissenschaftlichen Erkenntnisse hinsichtlich Vulkanologie zu unterrichten.

Am 22.3.1928 trat er 70-jährig in den Ruhestand, unternahm eine Reise nach
Teneriffa, wurde dort von der Ruhr befallen und verstarb an deren Folgen am

5.7.1929. Er wurde auf dem Südfriedhof von Leipzig beigesetzt, sein Grabstein trägt die Inschrift „Impavidi progrediamur" – Furchtlos lasst uns voranschreiten.

Erste Besteigung des Autors 1986

Ans Tor gepocht ...

Meine Freundin und ich fuhren von Dar es Salaam mit der Bahn nach Kigoma, besuchten die Schimpansen im Gombe NP und fuhren dann weiter nach Mwanza. Das ist zwar eine angenehme Stadt, hatte aber für uns vorerst einen entscheiden-den Nachteil. Öffentliche Verkehrsmittel fuhren nur zurück nach Kigoma oder Dar es Salaam oder weiter Richtung Norden nach Musoma oder Bukoba. Alle vier Ortschaften lagen nicht in unserem Interesse, denn wir wollten die Serengeti besuchen. Wir machten uns also auf die Suche nach einer Mitfahrgelegenheit Richtung Arusha. Nach zwei oder drei Tagen wurden wir bei einer indischen Export-Import-Company fündig.

Der gute Mr. Singhal war ein außergewöhnlich freundlicher und gesprächiger Mensch. Er vermietete auch Fahrzeuge und organisierte Touren in die National-parks, allerdings nicht von Mwanza aus, sondern von Arusha. In Mwanza waren damals *Tour Operator* nicht erforderlich, es gab fast keine Touristen in dieser Stadt. Einer von diesen wenigen mietete 3 oder 4 Wochen vorher eines der Fahr-zeuge des Mr. Singhal in Arusha, durchquerte die Serengeti und verließ das Fahrzeug in Mwanza, seit diesem Zeitpunkt stand es hier und wartete darauf, zurückgebracht zu werden.

Mr. Singhal war nicht nur freundlich und gesprächig, er war auch geschäfts-tüchtig. Er machte folgenden Vorschlag: Das Fahrzeug musste sowieso nach Arusha zurück, wann es abfährt und wann es ankommt war ihm dabei ziemlich gleichgültig. Sein Vorschlag lief auf ein Mittelding zwischen im Prinzip kosten-pflichtiger Mitfahrgelegenheit und Miete hinaus – US$ 100/Tag inkl. Treibstoff-kosten und Fahrer, unbegrenzte Kilometer.

Vergleichsweise war das ein tolles Angebot, nur unsere Geldbeutel ließen auch das nicht zu. Als wir nach hartnäckigem Handeln einen Preis von US$ 60/Tag erreichten, merkten wir, dass nun Schluss ist, aber auch dieser Preis ließ sich nicht mit unserer Finanzsituation vereinbaren. Kurz bevor wir geschlagen sein Büro ver-lassen wollten, wies er uns darauf hin, dass zwei weitere Touristen in der Stadt wären. Wir fanden sie bald, zwei Mädchen aus Japan, 17 Jahre alt, keine Englisch- und keine Ki-Swahili-Kenntnisse. Sie waren ziemlich verzweifelt, und man musste sie nicht dazu überreden, mit uns das Fahrzeug nach Arusha zu teilen und die Serengeti zu durchstreifen. Bereits am nächsten Tag fuhren wir los, blieben vier Tage in der Serengeti und besuchten auch noch den Ngorongoro-Krater.

Im Arusha-Office teilte man uns mit, dass wir das Fahrzeug noch einen Tag ohne zusätzliche Kosten benutzen könnten. Wir besuchten den Arusha NP und fuhren querfeldein den Mt. Meru bis auf ca. 3.000 m hinauf. Dem Fahrer, ein ca. 60-jähriger Sukuma, war alles egal, ich glaube, er wäre auch senkrechte Wände hochgefahren. Obwohl uns der durchfahrene Regenwald in großes Staunen versetzte, brachen wir das Unternehmen zuletzt aus purer Angst um Leib und Leben ab und fuhren zurück. Die Idee, zu Fuß weiterzumarschieren, kam uns (noch) nicht.

Erst in **Moshi**, angesichts des Kilimanjaro höchstpersönlich, erinnerten wir uns wieder an den grandiosen Regenwald des Mt. Meru. Es ist ein eigenartiges, ein nahezu unbeschreibliches Gefühl, auf dem Dach des Kindoroko-Hotels bei einem Sundowner zu sitzen und auf den schneebedeckten Koloss zu starren. Zwei Tage lang gaben wir uns dem Spektakel freiwillig hin, dass wir überhaupt noch einen dritten Abend in Moshi verbrachten, hing bereits in direkter Linie mit dem Berg zusammen – er hatte uns bereits in seinen Bann gezogen.

Vielleicht war es einfach Kampfeswille in seiner ursprünglichsten, animalischen Form, vielleicht war es aber auch ein Zwang, dem kältebringenden Dämon am Gipfel ein Opfer zu bringen, vielleicht war es aber auch etwas ganz anderes, das uns befahl, diesen Giganten Afrikas zu ersteigen. In Moshi gab es damals noch keine *Tour Operator*, also zogen wir weiter, da wir solche in Himo wähnten. Diese Annahme wurde aber nicht erfüllt – was tun? Zurück nach Arusha? Nein! Das bedeutete nur eines: Vorwärts nach Marangu und weiter bis zum Eingangstor des Kilimanjaro-NP in der Hoffnung, dass eine Organisation der Tour direkt vor Ort beim HQ möglich wäre.

Am Dalla-Dalla-Bahnhof in **Himo** erlebten wir unsere erste Überraschung. Voll Vorfreude sahen wir von weitem, dass dieses Gefährt schon ziemlich mit Menschen gefüllt war, einer baldigen Abfahrt würde also nichts im Wege stehen. Als wir ein Ticket nach Marangu lösen wollten, hob ein mächtiges Geschrei und Gebrülle an, Fahrer wie Ticketverkäufer scheuchten die Passagiere von der Ladefläche des Fahrzeuges, hoben uns und unser Gepäck hinauf und ab ging die Post.

Die gesamte Aktion dauerte nicht einmal eine Minute, die Preisverhandlungen am Marktplatz in Marangu zogen sich dafür mindesten zwei Stunden hin. Trotzdem zahlten wir ca. den 20-fachen Preis, d. h., wir zahlten für ca. 20 Personen, so viel fasst ein Toyota-Pick-up in jedem Fall, denn das ursprüngliche Ziel dieses Fahrzeuges wäre Moshi gewesen. Der Fahrer war nur aus Freundlichkeit uns gegenüber außer der Norm nach Marangu gefahren. Zum NP-Gate fuhren keine öffentlichen Verkehrsmittel, der Besitzer des einzigen Fahrzeugs in Marangu wollte für den Transport US$ 100 kassieren. Wir lehnten ab, schulterten die Rucksäcke und marschierten die ca. 6 km in praller Sonne bergauf. Wir kamen ziemlich erschöpft an, das hätte uns zu denken geben sollen.

Markt in Marangu © Mag. Gerhard Hirn

Kurz nachdem wir ans Tor des HQ gepocht hatten und uns Einlass gewährt worden war, wurde nach kurzem Warten am *Reception-desk* klar, dass eine Begehung direkt über die Nationalparkverwaltung möglich war (heute leider nicht mehr). Die Suche nach dem dafür zuständigen Menschen wurde zwar sofort begonnen, war aber erst bei Einbruch der Dunkelheit von Erfolg gekrönt.

Kibo am Weg vom Mawenzi Tarn Camp zur Kibo-Hut

...raufgegangen...

Mr. Jonathan Minde war damals oberster Boss der Kilimanjaro-Ranger und sollte auch unser *Guide* sein, er übernahm auch die Funktion des Kochs. Bei der Besprechung der Tour stellte sich – natürlich! – heraus, dass unsere Ausrüstung mehr als mangelhaft war. Wir führten eigentlich nichts von dem mit, was man für eine solche Tour benötigt. Gottlob hatte die NP-Verwaltung damals noch ein Depot an Ausrüstungsgegenständen; das heutige Depot ist privat. Schlafsack, Anorak, Pullover, Handschuhe, Mütze usw. wurden ausgesucht, probiert, gemietet. Von uns selbst wurden nur die Schuhe beigesteuert, aber wie sich noch herausstellen sollte, entsprachen sie den Anforderungen nicht. Die nächste Frage

Fertigmachen des Gepäcks

galt der Ernährung. Da wir keine Hemmungen hatten, alles zu essen, was wächst, kreucht und fleucht, war das schnell geklärt. Lediglich über die Menge wurde etwas diskutiert – ich hasse nichts mehr als halbleere Teller. Mr. Minde war's egal, bezahlen mussten sowieso wir. Als wir dann nach der Wanderung wieder zurückkamen, waren noch immer ca. 5 kg Nahrungsmittel vorhanden, sie wurden an die Mannschaft verteilt.

Die Besprechung, heute *Briefing* genannt, inkl. aller notwendigen bürokratischen Formalitäten und Bezahlungen zog sich bis ca. 22:00 hin, dann ging's ab ins Bett. Damals stand beim HQ noch ein kleines Gästehaus zur Verfügung.

Um 6:00 war Wecken, und wir konnten erstmals die Kochkünste Mr. Mindes überprüfen, er bereitete das Frühstück zu – es war völlig okay. Ich werde aber nie verstehen, warum man am ersten Tag der Kilimanjaro-Bezwingung damals wie heute um 6:00 geweckt wird. Denn nach der Einnahme des Frühstücks beginnt damals wie heute das große Warten. Die Träger kommen erst gegen 7:00, erhalten ihre Instruktionen, eilen zum Markt, kaufen ein, schleppen wieder alles zum Eingang, packen ein, packen aus, packen um, verschnüren, zurren fest, streiten über die Gewichtsverteilung, packen wieder aus, packen wieder ein.

Um 9:30 war alles ziemlich gut verpackt, doch wir konnten noch nicht abmarschieren. Ein Träger fehlte noch, das war uns in diesem Durcheinander überhaupt nicht aufgefallen. Er erschien gegen 10:00, und wir staunten nicht schlecht – er brachte fünf lebende Hühner mit! Wir hatten zwar am Vorabend auch Hühnerfleisch als Proviant vereinbart, doch nicht unbedingt gleich so viel und schon gar nicht lebendes.

Hühner waren damals und sind auch noch heute eine ausgesprochene Delikatesse und nicht gerade billig. Mr. Minde wollte der Mannschaft (und sich selbst) etwas Gutes tun, nahm die Chance wahr und dehnte unseren Wunsch nach Hühnerfleisch einfach auf die gesamte Mannschaft aus, da der Tourist auch für deren Verpflegung zu sorgen hat. Als ich mir noch überlegte, wie lange wohl jetzt noch die Schlachtung der Hühner dauern würde, waren diese schon in lebendem Zustande auf die Gepäckstücke geschnallt und auf ging's.

Nicht mehr abgelenkt durch praktische Fragen und Antworten, überfiel uns nun doch ein mulmiges Gefühl. Wir waren keine trainierten Bergwanderer, wir kannten Berge eigentlich nur vom Sehen her und bezwangen sie wenn überhaupt mit Seilbahn oder Auto. Doch aus einer puren Laune und Zufälligkeit heraus wollten wir diesen Berg nach der Devise „Na das werden wir ja noch sehen" besteigen. Im Grunde genommen, war dies die pure Unvernunft. Doch da wir „A" gesagt hatten, bestärkten wir uns gegenseitig darin, auch „B" zu sagen und marschierten los.

Stooop! Um Gottes willen, ich hatte vergessen, für ausreichend Zigarettenvorrat zu sorgen – Zigarettennot ist etwas, das ich noch mehr hasse als halbleere Teller. Also, Träger läuft zum Markt, kauft 20 Packungen „Horseman". Wir übten uns wieder im Warten, warum weiß ich nicht. Aber Mr. Minde war der Chef. Der Träger kommt wieder zurück, 6 Packungen gehen sofort mal an die Mannschaft. Außer Mr. Minde waren zwar alle Nichtraucher, doch diese verkaufen Zigaretten stückweise an Kollegen oder Ranger – ein kleiner Nebenverdienst. Jetzt ging's wirklich los, das mulmige Gefühl kehrte wieder zurück.

Die Eukalyptusallee war schnell durchschritten, dann ging's die **Mandara Road** entlang. Sie hatte damals zwar noch ihre ursprünglich Breite von 6 m, doch waren schon klar und deutlich die ersten Auswirkungen von illegalen Brennholzschlagungen und Grasschneiden zu erkennen. Allenthalben kamen uns schwer beladene Frauen entgegen, die beim Anblick des Rangers Minde – er hätte sie bestrafen müssen – sofort ihre Lasten fallen ließen und im Urwald verschwanden.

Er „übersah" sie, und wir gingen weiter, es war weniger anstrengend als gedacht und bald hörten wir aus Mr. Mindes Mund das erste „pole, pole" (langsam, langsam). Am Ende der Mandara Road überquerten wir die Holzbrücke, und der Wald schlug seine Äste über uns zusammen.

Es war ein Schock, als die Sonne verschwand, der Weg zusammenschrumpfte, die Luftfeuchtigkeit rapide anstieg und der Untergrund matschig wurde. Was wir bis jetzt für Natur pur gehalten hatten, war nur ein Abklatsch dessen, was nun folgte. Wir kamen aus dem Staunen nicht mehr heraus, riesige Baumfarne, wilde Bananen, gigantische Moospolster auf unheimlichen Baumriesen, aber außer Treiberameisen waren keine Tiere zu sehen.

Erster Blick auf die Mandara-Huts (von oben kommend)

Es wäre übertrieben zu behaupten, dass uns der erhöhte Grad der Steigung Kummer bereitet hätte, aber die vielen konsumierten Zigaretten und das nicht vorhandene Training begannen sich zu rächen.

Als wir auf der **Mandara-Hut** anlangten, hatten wir eigentlich nur eines im Sinn: schlafen, schlafen, schlafen. Doch die Träger hatten bereits Tee bereitet, und ein Teller mit Erdnüssen erinnerte uns daran, dass wir etwas essen mussten. Außerdem konnten wir am Geschrei feststellen, dass gerade zwei Hühner geschlachtet wurden. Sieht man davon ab, dass die Salzgabe weitaus zu wenig war, kochte Mr. Minde hervorragend – gegrilltes Huhn mit gebratenem Gemüse und Reis. Gegen 19:00 waren wir völlig geschafft, das Huhn hatte uns den Rest gegeben. Da wir die einzigen hier waren, gab es kein Problem mit dem Lager, es war bereits gerichtet, und wir schliefen schon, bevor noch der Schlafsack geschlossen war.

Nächster Tag – wecken um 6:00. Das war der einzige Wermutstropfen der Tour. Wozu aufstehen um 6:00, wenn 8:00 auch reichen würde, ich hasse frühes Aufstehen. Um 7:30 war das Gepäck wieder verstaut und weiter ging's. Klarer Fall, dass wir wieder maßlos staunten, als der Regenwald langsam in Erikazeen-Bestand überging und wir erstmals Tausendgüldenkraut mit einer Wuchshöhe von über 2 m zu Gesicht bekamen. Da der **Maundi-Krater** am Weg lag, bestiegen wir diesen, und es war schön, wieder einmal den Blick weiter schweifen lassen zu können, als bis zum nächsten Baum.

An diesem Tag zeigte sich klar und deutlich, dass unsere Kondition nicht die beste war. Vor allem am Masheo-Point kamen wir gehörig ins Schwitzen und in Atemnot, und Mr. Minde musste sehr selten „pole, pole" sagen.

Weiterhin stellte sich heraus, dass unsere simplen Sportschuhe den Anforderungen in keiner Weise entsprachen. Sie reichten zwar bis über die Knöchel, doch

Der Weg durch die Heide (zwischen Horombo- und Mandara-Huts)

waren sie aus dünnem Leder und obendrein eine Spur zu klein. Keines der beiden
Paare wies eine Fütterung auf, die unsere Füße vor Kälte schützen konnte. Als
weiterer Missstand kam hinzu, dass es nagelneue Schuhe waren und dass wir sie
jetzt das erste Mal trugen. Sie waren eigentlich nur für Wanderungen im Tiefland
mitgenommen worden und absolut nicht bergtauglich. Als wir die Moorzone
erreichten, stellte sich durch einige Fehltritte noch zusätzlich heraus, dass die
Schuhe in keiner Weise feuchtigkeitsicher waren.

Mit nassem Schuhwerk erreichten wir die **Horombo-Hut**. Wieder warteten Tee
und Erdnüsse und noch wer wartete – Miss Janet Lee, Amerikanerin mit koreani-
schen Wurzeln. Ihre Ausrüstung war bestens, ihre Kondition noch schlechter als
unsere. Sie war einen Tag vor uns abmarschiert und rastete in der Horombo-Hut
für einen Tag. Da sie ihre Kleidung dreifach mitführte, borgte sie uns für diesen
Abend trockene Wollsocken. Unsere Sachen wurden über dem Herdfeuer so weit
wie möglich getrocknet.

Der Abend wurde kalt, eiskalt. Mr. Minde servierte Tomatensuppe, für jeden
zwei Stück gebratenes Rindfleisch mit Spiegelei, gebratene Kartoffelscheiben und
Ugali – gut, aber ungesalzen. Die restlichen drei Hühner hatten zwar den Auf-
stieg bis hierher überstanden, sahen aber erbärmlich aus. Sie wurden nun
geschlachtet, die Umgebungstemperatur lag tiefer als in einem Kühlschrank, aus
hygienischer Sicht war dieses Vorgehen einwandfrei. Man muss nur darauf achten,
dass keine Ratten oder Mäuse an die leckere Beute 'rankommen.

Am nächsten Morgen marschierten wir wieder gegen 7:30 ab, gemeinsam mit
Janet. Es war kein Wunder, dass sie einen Rasttag auf der Horombo-Hütte benötigt hatte. Bereits am Abend zuvor war klar geworden, die gute Frau war Ketten-
raucherin. Dass sie aber auch während der Wanderung ununterbrochen rauchen
konnte, verwunderte sogar mich. Zusätzlich redete sie ohne Pause mit uns, unseren Führern, den Trägern, sie sprach auch mit dem Weg, mit der Kälte, mit den
Vögeln, dem Geröll und Sand. Selten habe ich soviel gelacht.

Die Steinwüste des *Saddles* hat uns tief beeindruckt. Wir hatten bereits einige
Wanderungen durch die Sahara hinter uns und lernten dort das „Nichts" kennen
und lieben, diese undurchdringliche Einförmigkeit, Stille und Ruhe. Es ist zwar
eine Binsenweisheit, dass im „Nichts" nichts passiert, aber es ist doch jedes Mal
wieder erstaunlich, dass dem „panta rhei" des Heraklit doch zumindest scheinba-
re Grenzen gesetzt sind. Grenzen wurden auch dem amerikanischen Schamgefühl
Janets gesetzt. Es ging dabei um das dringende Bedürfnis, sich zu entleeren. Was

tun, wenn die anerzogene Scham es verbietet, in der Öffentlichkeit zu urinieren, es aber absolut keine geschlossenen Toilettenanlagen gibt, kein Gebüsch, keinen Paravent, nichts, gar nichts, hinter welchem man sich verstecken könnte.

Die Unterdrückungsmethode ist eine ziemlich unzulängliche und schiebt das Problem nur hinaus, vor allem dann, wenn die Wandererkollegen sich das Lachen nicht verkneifen können und das ansteckend wirkt. Janet hat an diesem Nachmittag einiges dazugelernt, man kann seine Notdurft ohne Weiteres in der Öffentlichkeit verrichten, ohne dass einem der Himmel auf den Kopf fällt.

Kibo-Hut, von der School Hut kommend

Auf der **Kibo-Hut** gab's wieder Huhn, diesmal gebraten, mit verschiedenen gekochten Gemüsen. Vor dem Mahl nutzten wir aneinander gekauert an der Umfassungsmauer die letzten Sonnenstrahlen aus – wir hatten eine entsetzliche Kälte in unseren Füßen gespeichert, meine schmerzten obendrein aufgrund der zu kleinen Schuhe. Die Nacht, eigentlich war es nur eine halbe Nacht, da diesmal um 1:00 Wecken angesagt war, lässt sich aufgrund der Kälte nicht als angenehm bezeichnen – der gemietete Schlafsack war doch etwas zu dünn.

Janets Schlafsack war offensichtlich warm genug gewesen, sie war sofort putzmunter, und kaum war der Reißverschluss des Schlafsackes einige Zentimeter offen, ging schon die Plapperei los – zuallererst bedankte sie sich beim Schlafsack für seine wärmenden Eigenschaften –, nur unterbrochen durch das Anzünden der Frühstückszigarette. Gegen 2:00, nachdem wir dünnen Tee und einige Kekse konsumiert hatten, marschierten wir ab.

Bereits eine gute Stunde später verfluchten wir diese Entscheidung. Nicht nur die Füße schmerzten erbärmlich, alles schmerzte, außerdem begann mein Magen zu revoltieren. Kurz vor der **Hans Meyer Cave** – wir hatten bereits eine Höhe erreicht, wo man zwei Schritte steigt, rastet, tief Luft holt und erst dann die nächsten zwei Schritte steigt – musste ich fast erbrechen, bei der Rast in der Höhle fast noch einmal. Dass für rund 30 % der Gipfel-Aspiranten hier Endstation ist, wusste ich damals noch nicht, aber ich verspürte am eigenen Leib die Ursachen für die frühere Benennung dieser Höhle – „Haus Gottes" („yumba ya mungu"). Ich fühlte mich hier Gott im Jenseits wesentlich näher als sonst irgendjemandem im Diesseits.

Die Kälte in den Füßen hatte sich bis zur Leibesmitte ausgebreitet, die Beine schmerzten obendrein vor Anstrengung, Arme, Finger und Hände schmerzten zusätzlich vor Kälte. Inmitten des vor Kälte weißen Gesichtes glühte eine rote Knollennase, denn ich hatte mir am Vortag am **Saddle** einen Sonnenbrand geholt. Meiner Freundin und auch Janet ging's nicht besser, röchelnd lagen wir am Boden der Höhle, dem kältebringenden Dämon Njaro schutzlos ausgeliefert. Unsere *Guides* wussten dies, schnell drei Kekse und weiter, weiter.

Hinsichtlich meines anhaltenden Unwohlseins diagnostizierte ich zuallererst Höhenkrankheit, aber ich hatte weder Kopfschmerzen noch sonstige typische Höhenkrankheit-Symptome. Des Rätsels Lösung war die Petroleum-Laterne von Mr. Minde, manches Mal trieb eine leichte Windböe den Geruch des verbrannten Petroleums zufällig in Richtung meiner Nase, das wirkte sich in heimtückischer Weise auf meine Magennerven aus. Wir gruppierten uns danach um, Mr. Minde ging als Letzter, Janets Führer mit batteriebetriebener Stablampe vorne. Von uns Touristen hatte keiner eine Lampe dabei.

Die Geruchsbelästigung war ziemlich eingeschränkt worden, nur selten kam von hinten ein Windstoß. Es war trotzdem die Hölle, selbst von der sonst unermüdlich plappernden Janet war schon lange kein Wort mehr zu hören. Zwei Schritte voranschleppen, stehen bleiben, Oberkörper sinkt nach vorne, Hände auf die Knie gelegt, tief durchgeatmet, Reserven mobilisieren, stöhnend aufrichten, wieder zwei Schritte.

Keiner sprach ein Wort, nur keuchen, seufzen, stöhnen; man darf sich dabei nicht die Frage stellen, warum man sich das antut, warum man einer Maschine gleich in der stummen Finsternis einen mit Asche bedeckten Lavakegel hinaufsteigt. Bereits damals schwante mir Unheimliches, dünkte mir, dass da ein Dämon seine Finger nach mir ausstreckte.

Als so gegen 5:00 auch die pechige Luft die Farbe des Untergrundes annahm, die Laterne und die Lampe gelöscht wurden, sahen wir, nur schräg aufwärts blickend, in ein neues Nichts, in den Himmel, der Kraterrand lag dicht über uns, eine Ende der Qual war absehbar. Dass man sich während der Dämmerung und bergauf blickend (vor allem, wenn man den Weg nicht kennt) grob verschätzen kann, merkten wir bald. Der „dicht über uns liegende" Kraterrand blieb noch länger als 2 Stunden dicht über uns.

Das große Aschefeld war erst nach ca. einer Stunde überwunden, vor uns breitete sich nun ein Wirrwarr riesiger und kleinerer Felsbrocken aus. Sie lagen übereinander, nebeneinander, schmiegten sich aneinander und klafften selten auseinander, ein Weg war nirgends zu erkennen, die Steigung schien noch größer als zuvor.

Mr. Minde, dem man nichts von dieser Tortur anmerkte, musste lächeln als ich ihn fragte, ob wir da, ausgerechnet da, durch müssten. Okay, das war Antwort genug, wir stolperten weiter. Man soll nie glauben, man sei in der Hölle, es kann noch viel ärger kommen, und es kam ärger!

Wir krochen teilweise auf allen Vieren, nicht weil es keine andere Möglichkeit gegeben hätte, sondern aufgrund von Erschöpfung. Wir machten mehr Pausen als die ganzen Wegabschnitte bisher zusammengenommen. Hier herrschte zumindest für menschliche Verhältnisse absoluter Stillstand, hier dräute ewiges, selbstgefälliges, in sich ruhendes Gestein – hatte Heraklit etwa Unrecht, sollte es doch einen Punkt geben, wo nichts floss, wo sich nichts bewegen sollte? Also weiter gekrochen! Das Einzige, was sich hier bewegt, sind Touristen und *Guides*, der Rest liegt unbeweglich und starr als Hindernis in der Gegend herum. Wir bewegten uns also weiter, d. h., hin und wieder bewegten wir uns weiter, einen Großteil der Zeit mussten wir pausieren.

...und erlöst worden

Als der Krater unsere Köpfe über seinem Rand auftauchen sah – beide *Guides* waren so zuvorkommend, uns den Vortritt zu lassen – musste er wahrscheinlich lächeln; ich hätte mich auch nicht sehen wollen. Wir hatten es also geschafft, hatten all' unsere Sünden abgebüßt, waren befreit und konnten ungehindert in die Runde blicken. Glauben Sie mir, das macht nur ein winziger Prozentsatz derer, die bis hierher gelangen.

Die meisten – so auch wir – setzen sich hin, legen sich hin und nutzen die Chance, einmal ausgiebig rasten zu können. Rasselndes Schnaufen und Stöhnen dringt durch den Morgen, wir hatten nicht einmal mehr die Energie, uns um den Hals zu fallen. Das kam erst 15 oder 20 Minute später, da konnten wir schon wieder lachen und waren fröhlich. Janet erinnerte sich wieder daran, dass sie sprechen musste, und begann plötzlich ihren Anorak aufzuknöpfen. Als wir sie freundlich darauf aufmerksam machten, dass es hier doch ziemlich kalt sei, fing sie an zu lachen, fummelte unter ihrem Anorak herum und brachte eine Zigarre hervor – eine dicke, lange Zigarre in Alu-Hülse, eine 100 %ige Gipfelzigarre. Ich weiß noch, dass sie aus Kuba stammte. Ich hatte keine Ahnung von Zigarren, sie schmeckte aber vorzüglich, und ich lernte einen neuen, erfreulichen Geschmack kennen. Es ist zwar einerseits verständlich, andererseits aber auch genauso verblüffend, dass jeder meine Antwort auf die Frage „Wann haben Sie begonnen, Zigarre zu rauchen?" nicht wirklich ernst nimmt: „1986, am Kraterrand des Kilimanjaro".

Um so ein Riesending fertig zu rauchen, benötigt es im Flachland zu dritt (die *Guides* lehnten unser Angebot höflich ab) eine runde Stunde. Nach dieser Rast mussten wir uns entscheiden: weiter oder zurück. Janet meinte lapidar „crater is crater" und trat sofort den Rückweg an. Wir, meine Freundin und ich, sahen die heute nicht mehr existenten durchgehenden Eisflächen am weiteren Weg, „spürten", dass wir unsere Füße und Finger nicht mehr spürten, rechneten die von Mr. Minde angegebenen 1 bis 1½ Stunden bis zum „Gipfel" auf unseren Zustand hoch, kamen dabei auf (irrige) 3 bis 4 Stunden – und folgten Janet hinunter.

Der Abstieg desselben Wegs ist irgendwie fade, setzen Sie alles daran, eine andere Aufstiegsroute zu nehmen und über den **Marangu-Trail** hinunterzugehen. Lediglich das große Aschenfeld ist erwähnenswert. Bereits am späten Vormittag ist die gefrorene Härte einer losen Ansammlung von winzigen, tiefgründig angeordneten Partikeln gewichen. Es war eine ungemeine Freude, die der Berg uns nun bereitete, einem Snowboarder gleich konnten wir über die tiefgründige Asche hinuntergleiten, fast im Fluge erreichten wir die **Kibo-Hut**. Hier eine kurze Rast, dann weiter zur **Horombo-Hut**.

Dort warteten die Träger. Großartige Begrüßung, Freude überall, leider gab es kein Bier zu kaufen, Tee stand aber bereit. Am Abend gab es wieder Huhn für alle. Als ich den Berg an Lebensmitteln sah, der übrig bleiben musste, staunte ich zum x-ten Male auf diesem Berg. Janet hatte ihren Gesprächsfluss wieder entdeckt, wir spürten wieder unsere Füße und Finger, Mr. Minde war wortkarg wie immer, die Träger fröhlich gelaunt – wieder mal eine Tour überlebt – was will man mehr.

Bergheide zwischen Horombo- und Mandara-Huts © Mag. Gerhard Hirn

Der nächste Tag brachte uns zum Marangu-HQ, wir nahmen die Gratulationen entgegen, Urkunden wurden verteilt, der Abschied war da. Doch vorher stellte sich wie heute noch die Trinkgeldfrage. Wir hatten damit nicht gerechnet und als Janet begann, großzügig Bargeld an Träger und Führer zu verteilen, wurde uns

mulmig – Sie erinnern sich ja noch an unsere eingangs erwähnten leeren Geldbeutel. Na ja, wir kamen doch noch glimpflich davon und konnten ein für alle
akzeptables Ergebnis aushandeln.

Dieser Bericht ist für die Helden, Machos und Unbedarften geschrieben und
will eigentlich nur beweisen, dass man es so nicht machen soll. Dass wir dieses
völlig unvorbereitete Abenteuer ohne größere gesundheitliche Schäden wie z. B.
Erfrierungen überstanden haben, war bloß eine Laune des Schicksals. Wir hatten
nur Glück, die Temperaturen waren vergleichsweise moderat, es hätte viel schlimmer kommen können. Wir trafen Mr. Minde und auch die Träger noch mehrere
Male in Marangu, sie erzählten uns viel – bereits damals wunderte ich mich „Wie
hat das nur gut gehen können?"

Vom Wachsen und Schrumpfen des Kilimanjaro

Frühere Reisende reisten nicht zum Selbstzweck oder zur persönlichen Erbauung,
sondern hatten einen Auftrag, ein Ziel. Wenn es sich nicht um kriegerische Reisen
handelte, waren die Auftraggeber in der Regel Personen oder Organisationen, die
Fernhandel betrieben und in erster Linie Profite im Auge hatten. Das war bei den
Phöniziern so, bei den Griechen und auch bei den Römern. Fernhandel bedeutete
in erster Linie – in Bezug auf Ostafrika ausschließlich – Seehandel. Da in diesem
Fall nur Häfen angelaufen, nicht aber deren Hinterland besucht wurde, hatten
Berge dabei keinerlei Bedeutung. Es ist daher nicht verwunderlich, dass die ersten
vier Erwähnungen des Kilimanjaro nur so am Rande, der Vollständigkeit halber, in
einem anderen Zusammenhang vorkommen.

Noch weniger verwunderlich ist es, dass Höhenangaben entweder gänzlich
fehlten oder höchst vage formuliert wurden. So spricht Claudius Ptolemäus im
2. Jh. von einem „großen Berg", in einer chinesischen Chronik aus dem 13.,
möglicherweise sogar 12. Jh. taucht in Ostafrika auch nur ganz simpel ein „großer Berg" auf und bei Fernandes de Encisco im 16. Jh. ist der Kilimanjaro auch
nicht mehr als „sehr hoch". Alle drei Genannten haben übrigens das behandelte
Gebiet weder bereist noch von der Ferne gesehen, sie waren sogenannte Salon-

Geografen. Ihre Informationen stammten aus fünfter, sechster oder gar zwölfter Hand.

Als der Kilimanjaro 1845 das vierte Mal erwähnt wurde, hatten sich die Zeiten schon etwas geändert. Die industrielle Revolution überzog bereits die halbe Welt, der wissenschaftliche Erkenntniszuwachs war enorm. Die Reisetätigkeit hatte ebenfalls erheblich zugenommen, war aber noch immer von der Gewinnmaximierung diverser Handels- und Königshäuser dominiert.

Trotzdem hat sich die Geografie als eigenständiger Wissenschaftszweig etablieren können. Jetzt ging es nicht nur mehr um die Entdeckung bestimmter Handelswege, jetzt ging es auch um persönlichen Ruhm und Ehre. Bei einer solch geänderten Ausgangslage wurden allen geografischen Aspekten der Erde große Bedeutung beigemessen, somit auch der Höhe von Erhebungen. Dass dabei manches Mal hehrer Forscherdrang der persönlichen Eitelkeit geopfert wurde und die Objektivität auf der Strecke blieb, beweist der Fall des Schreibtisch-Geografen William Desborough Cooley.

Dieser erwähnte 1845 den Kilimanjaro nicht nur zum ersten Mal namentlich, er gab auch die erste relative Höhenangabe zum Besten. In seinem Artikel „The Geography of N'yassy" bezeichnet er den Kilimanjaro als höchstes „Gebirge" auf dem Weg zu den Monomoezi, das sind die Bewohner der Gestade des Nyassa-/Malawi-Sees. Das stimmt, wenn man davon ausgeht, dass die Expeditionen in Mombasa starteten, was damals nicht unüblich war.

Am 11.5.1848 sah Johann Rebmann als erster Europäer den Kilimanjaro. Im 1849 im „Church Missionary Intelligencer" erschienenen Artikel dazu schätzte Rebmann, ohne Instrumente verwendet zu haben, die Höhe des Kilimanjaro auf ca. 3.800 m. Cooley war sofort dagegen – viel zu niedrig!

1849 sah Rebmanns Kollege und Freund Johann Ludwig Krapf als zweiter Europäer den Kilimanjaro leibhaftig. Er schätzte in einem ebenfalls im „Church Missionary Intelligencer" erschienen Artikel die Höhe des Berges auf ca. 6.000 m. Cooley griff in seinem Buch „Inner Africa laid open" die beiden Missionare und deren Angaben aufgrund der starken Meinungsverschiedenheit massiv an.

Die strikt ablehnende Haltung Cooleys den beiden Missionaren gegenüber hinsichtlich der Höhe des Kilimanjaro resultiert jedoch nur aus der noch strikteren Ablehnung der gesichteten Schneehaube am Berg – mehr zu diesem kuriosen Streit im Kapitel „Kampf um Eis und Schnee". Da die Vertreter der geografischen

Wissenschaften im Laufe der Zeit ihrem Kollegen Cooley mehr Glauben schenkten als den beiden unbekannten Laien Rebmann und Krapf, blieb der Kilimanjaro die nächsten 12 Jahre „höhenlos".

Ein gewisser Richard Thornton aus Großbritannien sollte endlich die erste wissenschaftlich fundierte Höhenangabe des Berges zu Wege bringen. Thornton war trotz seiner Jugend ausgebildeter Geologe, in dieser Eigenschaft begleitete er Livingstone auf seiner zweiten Expedition entlang des Sambesi. Wegen Faulheit wurde er von Livingstone gefeuert und ging mit seiner Ausrüstung nach Sansibar; dort traf er den 27-jährigen Baron Claus von der Decken.

Beide kannten den Disput um den Kilimanjaro, beiden war etwas langweilig – was lag also näher, als diesen zu beenden. Man marschierte also gemeinsam Richtung Norden, erreichte den Kilimanjaro ohne größere Probleme und hielt sich dort 19 Tage lang auf. Thornton war der Kunst der Trigonometrie mächtig, konnte mit verschiedenen optischen Geräten umgehen und beherrschte einige weitere Kunstgriffe aus der Vermessungstrickkiste. Mit diesem Fachwissen konnte er die Höhe des Kilimanjaro zwar auch nur schätzen, dieses aber als erster Mensch wissenschaftlich fundiert zwischen 19.340 und 20.655 Fuß. Baron von der Decken übernahm die Angaben Thorntons, rundete sie auf und kabelte im November 1861 nach Deutschland, dass der Kilimanjaro 21.000 Fuß hoch sei.

Und was sagte William Desborough Cooley zur ersten Höhenangabe eines Kollegen? Er lehnte nach wie vor alles ab! Über den „sportlichen Baron" machte er sich lustig und sprach ihm jede Kompetenz ab, Thornton war ihm nicht einmal eine Erwähnung wert. Es nutzte ihm alles nichts, er blieb allein auf weiter Flur. Neben dem „ewigen" Schnee akzeptierte nun die gesamte Fachwelt auch die exorbitante Höhe des Kilimanjaro – 13 Jahre nach der ersten Sichtung und 12 Jahre nach der ersten Beschreibung durch Rebmann.

Bevor wir uns der ersten „exakten" Höhenmessung zuwenden, wollen wir kurz die Höhenangaben der vor Ort lebenden Menschen – Massai, Swahilis, Chaggas – unter die Lupe nehmen.

Im Ritus der südlich und südöstlich lebenden Massai hieß dieser riesige Berg „ng-Aji eng-Ai", wortwörtlich „Quelle Gottes", sinngemäß „Haus Gottes". Dieser Schreibweise folgt A. C. Hollis, üblicherweise wird in vergleichbaren Publikationen nur die Kurzform „ng-Aji" in der etwas verstümmelten Form von „ngare/ngaje" (englische Aussprache!) angegeben. Im übertragenen Sinne, da

Gott ja etwas Unerreichbares ist, heißt das so viel wie, dass der Gipfel unendlich weit weg ist. In diesem Zusammenhang sei ein kurzer, aber höchst interessanter linguistischer Exkurs erlaubt. „Ai" ist das Substantiv für Gott, „eng" ist der Artikel, und dieser ist weiblich! Korrekt übersetzt müsste der Kilimanjaro somit als „Quelle/Haus der Göttin" tituliert werden.

Der arabisch-afrikanischstämmigen Küstenbevölkerung der Wa-Swahilis verdankten die Forscher des 19. Jh. viele Nachrichten über den Berg. Die Wa-Swahili waren und sind ein Volk, das Handel treibt und nicht Berge bestaunt oder besteigt. Sie kannten den Kilimanjaro auch nur vom Hörensagen, die gelieferten Informationen waren dementsprechend wirr, kraus und auch widersprüchlich. Die gängige Theorie, dass der Name Kilimanjaro aus den beiden Wörtern bzw. deren Stämmen „Kilima" und „Njaro" gebildet wird, weist eine Facette auf, die wieder zu William Desborough Cooley führt.

Allgemein wird „Kilima" von „Mlima" abgeleitet. „Mlima" bedeutet im Ki-Swahili „Berg", „Kilima" hingegen heißt in dieser Sprache „Kleiner Berg". Bedenkt man, dass im 19. Jh. das Ki-Swahali in unzählige Dialekte zerfiel, die z. B. auch -l- mit -r- austauschten, so ist es leicht möglich, dass Cooley mit seinem „Kirima-njaro" auf dem richtigen Weg war. Vielleicht hat er sogar gewusst, dass „Kirima" bzw. „Kilima" „kleiner Berg„ bedeutete, nur das passte schlecht in seine Theorie vom größten „Gebirge" auf dem Weg zu den Monomoezi (Details dazu ☞ „Kampf um Schnee und Eis").

Wahrscheinlich war für die Wa-Swahilis an der Küste ein riesiger Berg im Landesinneren genauso wenig vorstellbar wie für Cooley, dass Schnee auf ihm lag. Sie schenkten daher ihren Karawanenführern keinen Glauben und die Diminutiv-Bildung diente der Verächtlichmachung derselben – „Kilima (na) njaro" – „Kleiner Berg, (und) großer Geist". Mit Njaro ist ein kältebringender Dämon gemeint.

Im Gegensatz zu beiden vorgenannten Gruppierungen haben die Chaggas – sie besiedelten damals die südlich gelegenen Hänge des Kilimanjaro bis zu einer Höhe von knapp 2.000 m und betrieben Landwirtschaft – keinen Namen für den Kilimanjaro, der irgendwie auf dessen Höhe schließen ließe. Sie bezeichneten nur die drei Gipfel mit Namen – Kibo, Mawansi, Shira. Inwieweit der Terminus „Kibo" („Der Helle"), der auch als Hinweis auf Schnee und Eis gelesen werden kann, als relative Höhenangabe herangezogen werden kann, ist fraglich.

Zurück zur europäischen Höhenmessung des Kilimanjaro: Ludwig von Höhnel, wissenschaftlicher Begleiter des ungarischen Abenteurers Graf Teleki, berechnete 1887 die Höhe des Kilimanjaro aufgrund trigonometrischer Messungen auf 6.130 m.

1888 erklomm Otto Ehlers von der „Deutsch-Ostafrikanischen Gesellschaft" eigenen Angaben in „Petermanns Mitteilungen" zufolge den Kilimanjaro bis auf eine Höhe von „jedenfalls über 6.000 m". Von einem Krater konnte er dabei nichts entdecken. Diese Mitteilung respektive Höhenangabe wurde auch allgemein bezweifelt, und Meyer wie Purtscheller wiesen ziemlich stichhaltig darauf hin, dass der gesamte Bericht Ehlers eigentlich nur ein Märchen sein konnte.

Allgemein wird die Ansicht vertreten, Dr. Hans Meyer, 1889 der Erstbesteiger – damals hieß das Erstersteiger –, hätte die Höhe des Kilimanjaro mit 6.010 m/19.718 Fuß durch Messungen bestimmt. Das entspricht leider nicht ganz der Wirklichkeit. Meyer war erwiesenermaßen gemeinsam mit Purtscheller der erste Nichtafrikaner auf dem Gipfel (Details dazu ☞ „Dr. Hans Meyer und die Erstbesteigung"). Er bestimmte dort aber nichts, er maß „nur". Er kramte lediglich ein handliches Dosen- bzw. Aneroid-Barometer aus seinem Rucksack und notierte die Angaben in seinem Notizblock, dann maß er die Temperatur, notierte wieder. Zuletzt aktivierte er noch ein sogenanntes Siedethermometer, welches in der Regel genauer als ein Dosenbarometer arbeitet, las die Skala ab, notierte wieder. Dann packte er alles wieder ein und zog von dannen. Kontrollierenderweise führte er am Gipfel wie am Fuß des Berges noch einige optische Unternehmungen durch. Es ist aber auch maßlos übertrieben zu behaupten, Meyer hätte überhaupt nicht gewusst, wie hoch er eigentlich gekommen war. Er beherrschte sein Instrumentarium gut genug, um eine erste Schätzung abgeben zu können – rund 6.000 m. Die Auswertung der Kurven, Tabellen und sonstigen Ergebnisse sowie die abschließende exakte Berechnung der Höhe unternahm später Dr. Ernst Wagner in Berlin.

Meist wird nur Meyer als Bestimmer der Höhe von 6.010 m genannt, und dann folgt sofort eine Erwähnung seiner deutsch-nationalen Herrenmenschen-Einstellung. Oft wird ihm dabei unterschoben, dass er aus diesem Grunde bewusst den Berg höher machte, als er es wirklich ist, damit der Deutsche Kaiser und somit das deutsche Volk endlich auch einen sehr hohen Berg „besitzen". Man kann zwar über Meyer viel Negatives und Merkwürdiges berichten, aber diese Vorstellung ist absolut irrig.

Blick zurück zum Mawenzi, der zurückgelegte Weg deutlich erkennbar
@ Mag. Gerhard Hirn

Bereits kurz nach Meyers Erstbesteigung machte sich die deutsch-britische Grenzkommission die Höhenvermessung des Kilimanjaro zur Aufgabe und ermittelte 5.892 m. Nicht nur Meyer lehnte diese Angabe – man ist fast geneigt „natürlich" zu sagen – ab, die gesamte geografische Wissenschaft blieb nach wie vor bei 6.010 m. Wie aber geradezu hellseherisch diese Höhenangabe war, können Sie am Schluss dieses Kapitels ersehen.

Ob Eduard Oehler und Dr. Fritz Klute 1912 den Kilimanjaro noch einmal verkleinerten – sie berechneten mit dem Aneroid-Barometer 5.930 m –, um dem angeblichen meyerschen Nationalismus entgegenzuwirken, oder ob diese Messung nur das Ergebnis mangelhafter Ausrüstung war, ist eine Frage, die wahrscheinlich nie beantwortet werden kann.

Der Kilimanjaro war somit innerhalb kürzester Zeit von unendlich hoch auf 5.930 m geschrumpft. Es ist dabei allerdings anzumerken, dass die Oehler-Klute'sche Höhenangabe niemanden interessierte, sie auch in der Fachwelt im

Gegensatz zu den anderen Leistungen der beiden nicht wirklich anerkannt wurde. In der Regel blieb es vorerst bei den von Wagner errechneten 6.010 m.

In den nächsten Jahrzehnten stagnierte die wissenschaftliche Erforschung – vor, während und nach zwei Weltkriegen hatten die Wissenschaftler anderes zu tun. Es gab mehrere touristische Unternehmungen, die brachten allerdings keine neuen Erkenntnisse bezüglich der Höhe. Erst 1952 sollte wieder ein Versuch unternommen werden, die Höhe exakt zu bestimmen – diesmal von britischer Seite aus. Ein Team von Geografen führte mit Theodoliten eine klassische Triangulationsvermessung durch und errechnete eine Höhe von 5.895 m.

Das ist bis heute die offizielle Höhe des Kilimanjaro – es ist aber nicht die korrekte Höhe.

1959 erschien in der Fachzeitschrift „Der Bergsteiger" ein Artikel zum 110. Geburtstag Ludwig Purtschellers, in welchem der Berg vorübergehend auf 6.130 m anwuchs. Entweder war diese Angabe oberflächlich recherchiert und es fanden nur die Angaben von Höhnels Verwendung oder es handelte sich um einen Ausfluss eines übergroßen Nationalstolzes – man kann's immer irgendwie übertreiben.

1999 endlich unternahm die Technische Universität Karlsruhe unter der Leitung des Vermessungsfachmannes Dipl. Ing. Berhard Meßmer eine neue Vermessung des Kilimanjaro mittels elektronischem GPS-System. Das ist eine hochkomplizierte Angelegenheit, die mit den handlichen Geräten um € 400 nur mehr den Namen gemein hat. Ich will Sie auch vor der Fachterminologie so weit wie möglich verschonen. Für uns bergwandernde Laien ist lediglich ein Ergebnis von Bedeutung: die erreichte Höhe, orthometrische Höhe genannt – sie beträgt nun 5.892,55 m über dem mittleren Meeresspiegel!

Die Frage, ob der Berg gegenüber der Messung von 1952 geschrumpft ist oder ob diese Messung ungenau war, kann natürlich nicht exakt beantwortet werden. Tatsache ist jedenfalls, dass 1952 keine besseren Methoden zur Verfügung standen und dass das Arbeiten in dieser Region zu den schwierigsten überhaupt zählte und zählt. Das Ergebnis ist aber als höchst erstaunlich einzuordnen und zeugt von geradezu überwältigender Sorgfalt und Genauigkeit beim Arbeiten.

Trotz monatelanger Vorbereitung, enormen Personal- und Technikaufwands ist die Vermessung 1999 noch nicht der Weisheit letzter Schluss. Dieses zur Zeit modernste Modell zur Höhenvermessung in diesem Teil Afrikas weist einen Unsicherheitsfaktor von 1 m auf – es kann sich also noch einiges ändern. Dass die von der deutsch-britischen Grenzkommission ermittelte Höhe (5.892 m) der mit modernsten Mitteln errechneten Höhe entspricht, ist aber reiner Zufall. Mit den damals angewendeten Mitteln war es praktisch unmöglich, die Höhe eines Berges exakt zu bestimmen.

Letztendlich schätze ich aber die exakte Höhe als nicht allzu wichtig ein. Ich versichere Ihnen, nach einer anstrengenden Wanderung von vier Tagen über ca. 50 km bergauf durch fast alle Klimazonen dieser Welt ist einem am Gipfel bei -15° Celsius und Windgeschwindigkeiten von bis zu 70 km die erreichte Höhe eigentlich ziemlich egal, man will nur noch zurück. Und als Trostpflaster gibt es im HQ die Urkunde, die bestätigt, dass man den Gipfel erreichte – auf ihr steht nach wie vor 5.895 m.

1997 – Vier Routen en suite

Ankunft

Anfang November 1996 ging's wieder mal nach Tansania – zuerst ein Streifzug durch das Selous Wildlife Reserve, den Mikumi National Park, Iringa, Mbeya und Umgebung, dann auf einer Horrorfahrt rauf nach Kigoma, zurück nach Dar es Salaam, dann nach Arusha. Da damals der Kilimanjaro der einzige Berg war, den ich bestieg, und ich sonst mein Leben am Schreibtisch verbrachte, setzte ich seine Besteigung aus Konditionsgründen gewöhnlich am Ende eines Tansania-Aufenthaltes an.

Das anstrengende Herumreisen mit öffentlichen Verkehrsmitteln oder Mitfahrgelegenheiten ist ein gutes Training, das durch Wanderungen in die Umgebung der Städte und durch diese selbst noch verstärkt wird. Auf diese Weise gewöhnt man sich auch an die Hitze.

Ich hatte keineswegs vor, die Tour von Arusha oder Moshi aus zu organisieren, das großstädtische Arusha war mir zu hektisch, Moshi zu heiß. Mein eigentliches Ziel war **Marangu**, das mir fast zur zweiten Heimat wurde. Schon seit Jahren logierte ich in einem der Traditionshotels, das auch als *Tour Operator* tätig ist; die Kooperation mit den Herrschaften funktionierte immer einwandfrei.

Marangu-Town

Am 26.12.1996 belegte ich „mein" Zimmer. Die Wiedersehensfreude war auf beiden Seiten groß, und wir hatten am Abend prächtig Spaß.

Die nächsten Tage strolchte ich als Abschlusstraining sozusagen und zum Zweck einer zugegeben eher mäßigen Höhenadaption mit Frederick, meinem obligaten Führer, in Marangu herum, besuchte die Leute im Marangu-HQ, betrachtete zum wiederholten Male die Wasserfälle und ließ mir das gute Abendessen schmecken.

Der Tourbeginn war mit 1.1.1997 angesetzt, und die Preisverhandlungen zogen sich diesmal nicht allzu sehr in die Länge. Das mag sie vielleicht jetzt etwas verwundern, aber Preisverhandlungen gehören zum afrikanischen Alltag wie das Salz zur Suppe. Auch wenn man schon hundertmal mit demselben *Tour Operator* unterwegs war, um die Verhandlungen kommt man nie herum.

Es war geplant, zuerst über die Machame-Route aufzusteigen und sofort, ohne den Kraterrand zu streifen, über die Mweka-Route abzusteigen (Teil 1), danach sofort Umbwe-Route 'rauf, über Stella-Point zum höchsten Punkt des

Kraterrandes und über Marangu-Route hinunter (Teil 2). Frederick blickte mich lange an und fragte mit sorgengefalteter Stirn: „Are you tough enough?" Na ja, das wusste ich auch nicht. Ich wusste auch noch nicht, dass die Tour verschoben werden musste – auch in tansanischen Hotels wird Silvester gefeiert.

Teil 1

Ich konnte daher erst am 2.1.1997 starten, und es begann, wie es anscheinend beginnen muss, mit Wecken um 6:00. Um 6:30 erwarteten mich Frederick und ein ausgiebiges Frühstück. Von den Trägern war noch keiner da, sie erschienen erst gegen 7:30. Packen, streiten, auspacken, umpacken, wieder einpacken, Kontrolle durch Frederick, umpacken, Kontrolle durch mich – okay, Abmarsch.

Doch nein, zuerst mussten im HQ in Marangu die Formalitäten erledigt werden, also warten. Gegen 9:00 endlich Abfahrt, in Moshi halten, Nahrungsmittel einkaufen, warten, Weiterfahrt. Am Machame-Gate wieder einpacken, auspacken, umpacken der Lebensmittel. Frederick und ich marschierten derweil ab. Ich schleppte meine wasserdicht verpackte umfangreiche Fotoausrüstung, Stativ, Regenbekleidung, Biwaksack auf dem Rücken, Frederick in einer Kunststoff-Tragetasche seinen Regenponcho, mein Lunchpaket und eine Thermoskanne voll Tee.

Trotz mancher Unbill sind die Trails der Südwestseite des „Schneedoms" meine bevorzugten Aufstiegsrouten. Aufgrund der größeren Regenmenge ist der Wald dichter, mysteriöser, unheimlicher, auch ausgedehnter; der Anblick des Kibos – meist nur am Nachmittag möglich – ist wesentlich imposanter als vom Osten. Der Mawenzi ist praktisch nicht zu sehen, der Kibo thront unangefochten in einsamer Größe und Majestät. Auch sind die Gletscherreste ausgeprägter, mächtiger als im Osten, man kann noch erahnen, was Meyer sehen durfte. Vor allem aber ist es die energischere geologische Gestaltung, die mich anscheinend magisch anzieht. In erster Linie sind hierbei natürlich der Barranco und der grandiose Shirakamm zu nennen.

Alles zusammengenommen, vermittelt der Berg im Westen ein Bild von „ästhetischer Unwahrscheinlichkeit", die einem das Herz überfließen lässt. Dass jedes Ding zwei Seiten hat, trat damals sehr deutlich hervor: Vor allem auf der sehr, sehr steilen Umbwe-Route galt es enorme Hindernisse zu überwinden. Die Steilheit ist geblieben, der unten geschilderte Schlamm und Morast ist – Gott und den fleißigen Arbeitern sei´s gedankt – Vergangenheit. Auch die nicht gar so steile Machame-Route wurde „renoviert" und zeigt sich heute in schönem Sonntagskleide. Was allerdings geblieben ist, ist der tägliche Regenguss – aber, glauben Sie mir, man gewöhnt sich auch daran.

Den ersten Teil der Wegstrecke zum **Machame-Camp** bewältigten wir ohne größere Probleme. Nach der obligaten Lunchrast allerdings begannen, wie nicht anders zu erwarten war, die starke Steigung und der matschige Untergrund stark an mir zu zehren. Frederick lächelte milde, er kannte das ja. Gegen 17:00 erreichten wir das Camp. Das ist ziemlich spät. Üblicherweise langt man bei moderatem Tempo um 14:00/15:00 an, doch ich musste unterwegs immer wieder stehen bleiben und fotografieren. Im dunklen Wald bedeutete dies durch das dauernde Stativ aufbauen, Stativ abbauen einfach Zeitverlust.

Im Camp erlebte ich die erste Überraschung dieser Tour – eine Gruppe von zwölf Personen war anwesend. Es war das erste Mal, dass ich andere Wanderer auf dieser Strecke sah. Es waren ebenfalls Österreicher, durchwegs bestens trainierte Bergwanderer – stramme Waden, modernste Ausrüstung, forscher Blick. Sie entstammten dem Salzburger Bergland und zählten zur Kategorie derer, die schon zum Frühstück kurz einen 3.000er nehmen. Sie wunderten sich allesamt, dass ich erst jetzt auftauchte, und witzelten über meine schwache Kondition (sie hatten dabei nicht Unrecht), „konditionelles Zwergerl" war noch das Harmloseste. Ich begrüßte sie mit einem kurzen „hello" und gab mich nicht als Landsmann zu erkennen. Mein Zelt stand etwas abseits, jedoch noch in Hörweite der Gruppe aufgestellt. Es war recht amüsant, den Gesprächen zu lauschen, die mich in den Schlaf begleiteten.

Als ich am nächsten Morgen endlich aus dem Zelte kroch, waren die Salzburger bereits abmarschbereit und Frederick verzweifelt. Meine „Verspätung" kratzte etwas an seinem Stolz. Das Frühstück war gut wie immer und als ich loszog, hatten die Salzburger wahrscheinlich schon die halbe Strecke zum Shira-Camp hinter sich.

Der Weg zum Shira-Camp war nicht ganz ungefährlich, vor allem bei Regen und Nebel, was nach wie vor meistens der Fall ist. Er wies auch ziemlich ausgesetzte Stellen auf und war oft sehr steil. Ich quälte mich voran, langsam und kontinuierlich, immer wieder Pause machend, fotografierend. Es klingt vielleicht etwas paradox, aber trotz der ungewohnten Anstrengung fühlte ich mich auf diesem Teilstück des **Machame-Trails** recht wohl. Nackter Fels, Matsch, die

Riesen-Erika (Erica arborea) in der Übergangszone Regenwald-Heide, kurz oberhalb der Mandara-Huts

unterarmdicken Baumstangen der Erikazeen, der Nebel (oder Regen), in dem Frederick manches Mal verschwand, die oft brutale Steigung, die erbarmungslose Kälte im zweiten Teil des Weges, ich glaube, ich könnte es in dieser Kulisse, die einem Fantasyfilm entsprungen sein könnte, tagelang aushalten. Insgesamt betrachtet hat der Machame-Trail etwas Urwüchsiges an sich, selbst wenn der im Kapitel „Legenden, Sagen, Märchen" angeführte Flugsaurier vorüberflöge, er würde keineswegs in irgendeiner Weise besonders auffallen (vielleicht ist er auch deshalb noch nie fotografiert worden). Genau betrachtet, wäre erst mit ihm das Bild vollständig.

Am **Shira-Camp** tauchte ich kurz vor Einbruch der Dämmerung auf, mein Zelt stand sehr dicht neben den Salzburgern, die ihr Abendessen schon hinter sich hatten und in wohliger Ruhe auf ihren Feldbetten liegend in meinem ReiseHandbuch Tansania lasen. Das fand ich nett, sie wurden mir dadurch sympathischer. Aus ihren Gesprächen entnahm ich, dass sie mich für einen Amerikaner hielten und mich nicht einordnen konnten. Sie waren sich 100 %ig sicher, dass ich kein gewöhnlicher Tourist war, damit hatten sie unweigerlich recht.

Denn erstens war (und bin) ich ein Verrückter, der diesem Berg verfallen war/ist, und zweitens war ich kein Tourist, sondern hatte hier zu arbeiten. Aufgrund meines mitgeschleppten Statives und meiner Fotoausrüstung, die als Nikon-Luxusware identifiziert wurde (in Wahrheit ließ mein Geldbeutel nur Minolta zu), einigten sie sich darauf, mich ab jetzt als Fotograf zu bezeichnen.

Ich musste mir daraufhin denselben Schwachsinn anhören wie zu Hause: „Toll, so schön möchte ich es auch haben, bekommt alles finanziert, verdient dabei noch und macht sich einen schönen Urlaub. Beneidenswert!". In ihrer Achtung stolperte ich dabei mehrere Stufen hinauf. Vorbei war es nun mit dem „konditionellen Zwergerl", mein verspätetes Ankommen in den jeweiligen Camps hatte nun einen Grund, einen geschäftlichen noch dazu – was gestern noch mitleidig belächelt wurde, nötigte heute plötzlich Respekt ab. Mir war's recht.

Das **Shira-Camp** ist für mich das schönste Camp am Berg. Auch wenn andere Wanderer lärmen und eine allgemeine Geschäftigkeit herrscht, strahlt es einen geradezu unheimlichen Frieden aus. Ich denke, das kommt vom Verschwinden des Shiras im Abendrot. Es kommt einem unwahrscheinlich vor, dass solch exzeptionelle Formen vergehen können. Man klammert sich bis zum letzten Sonnenstrahl an diesen Anblick und ist dann verblüfft, dass es doch möglich ist. Noch im Traum ist der Shira präsent und am Morgen, Wecken wie üblich um 6:00, ist er wieder da.

Geraume Zeit nach den Salzburgern marschierte auch ich wieder ab, Frederick grummelte wieder, da sein Zeitplan nicht eingehalten wurde. Die nun zu durchwandernde graublaue Pflanzendecke ist ein optischer Vorläufer der Steinwüste des **Summit Circuit**, leider ist sie immer nass. Bei dieser Tour hatte ich erstmals Gamaschen mitgenommen, es zahlte sich aus. Es war ein schönes Gefühl beim obligaten Lunch dem Shira mit trockenen Hosenbeinen *Goodbye* zu sagen.

Bis zu diesem **Picnic-Plateau** verfolgen Shira und Mt. Meru den Wanderer, und er ist immer wieder genötigt, sich umzuwenden. Doch auch das hat einmal ein Ende, und die Zacken, Stelen und Kuppeln verschwinden in Dunst und

Nebel. Es ist kalt, und ich bin glücklich, dass ich hier noch nie Sturm erlebt habe.

Der **Barranco** genannte Teil des Berges hat etwas außerordentlich mondhaftes an sich, nur die Farbe stimmt nicht so ganz. Das Schwarz und Dunkelgrau harmoniert ungemein mit den weißen Nebelschwaden, und es ist so, als würde man in einen Tunnel hineingehen. Der Tunneleingang weicht aber immer zurück, nur Frederick verschwindet manchmal darin. Seinen langen Stock waagerecht in der linken, die Einkaufstüte in der rechten Hand haltend, geht er gleich einer lautlosen, von Geisterhand gezogenen Lokomotive voran. Er ist von gedrungener Statur, knapp 1,70 m, und hat eine Vorliebe für schwarze Farbe – seine Schuhe sind schwarz, seine Hose ist schwarz, sein Anorak ist schwarz, das darunter getragene T-Shirt ist ebenfalls schwarz, selbst seine Tüte ist schwarz. Manchmal verschmilzt er gänzlich mit dem Berg.

Kibo schält sich aus den Wolken, vom Kikilelwa Camp aus gesehen

Da keine zu großen Steigungen zu überwinden waren, folgte auch ich lautlos, zu unserer linken erhob der Kibo sein Schneehaupt, nicht sichtbar, da hinter einer dichten Nebelwand versteckt. Die Eintönigkeit, die Uniformität der Gegend – grauschwarzer Sand, grauschwarze Asche, grauschwarze Lavabrocken – wird vom hellen, klar erkenntlichen und schnurgerade verlaufenden Band des schmalen Weges in zwei Hälften geteilt.

Manchem drängt sich hier die Frage nach der Notwendigkeit eines *Guides* auf. Es ist relativ eben, hin und wieder ist ein Flussbett zu queren, die Verletzungsgefahr ist dabei sehr gering, der Weg ist deutlich zu erkennen, und man kann sich eigentlich nicht verlaufen, Gesprächspartner braucht man hier auch keinen mehr, zu sehr beeindruckt die Szenerie.

Die Crux ist in Nebel, Schneefall, Sturm und der allgegenwärtigen Kälte zu finden. Manches Mal wird der Nebel derart dicht, dass man keine 5 m weit sieht, dann ist auch der vorher klar erkennbare Weg verschwunden. Dasselbe gilt bei und nach Schneefall und Sturm.

Alle Phänomene sind keine Seltenheit und können auch gleichzeitig auftreten. Solange halbwegs klare Sichtverhältnisse herrschen, orientiert sich der Führer auch an anderen Markierungspunkten als am hellen Band (bestimmte Gesteinsformationen, Steinmännchen, Felsenbildungen usw.). Doch auch für ihn ist hin und wieder Schluss, dann heißt es stehen bleiben und warten, bis Nebel, Schnee und/oder Sturm aufhören zu wüten. Das kann lange dauern, und dabei sinkt die Temperatur rapide. Obwohl keine offiziellen Statistiken existieren, weiß man, dass der Kilimanjaro alljährlich so um die sechs Todesopfer fordert. Die meisten davon waren Träger und starben am **Saddle** der Marangu-Route. Sie wurden dort Opfer derselben Bedingungen wie hier am Southern Circuit: einfallender Nebel, fallende Temperatur, Orientierungslosigkeit, Panik, Erfrierungstod. Die meisten von ihnen hat man nie mehr gefunden. Da die Westseite des Kilimanjaro immer beliebter wird, ist damit zu rechnen, dass auch der Blutzoll unter den Trägern höher werden wird. Doch zurück zu unserer Wanderung.

Der Weg durch diese steinige Wüste senkt sich wohltuend, und ich habe gottlob noch meine Gamaschen an. Die Moorlandzone ist wieder erreicht, und bis zu den Knien ist alles nass. Senecien und Lobelien säumen den Weg und zwitschernde Vögel erinnern daran, dass man dem Tod noch einmal entronnen ist. Just in diesem Moment begann es wieder einmal heftig zu regnen, und die letzten zwei Stunden des heutigen Tages wurden durch den Sumpf unter meinen Füßen wieder anstrengend, obendrein wurde es auch kälter.

Im **Barranco-Camp** angelangt, waren die besten Plätze – das sind die, die rund um die Toilettanlagen liegen – schon von den Salzburgern belegt. Frederick wusste aber genau, wo seine Träger in solchem Falle das Lager zu errichten pflegen – eine halbe Stunde weiter. Dort gab es eine „gemütliche" Höhle und genügend Platz für mein Zelt, das bereits weithin durch den endlich versiegenden Regen leuchtete.

Das Barranco-Camp ist ein grundsätzlich kaltes, dunkles, feuchtes, wenn nicht sogar nasses Camp in einem furchteinflößenden breiten Talkessel. Es hat allerdings zwei Attraktionen zu bieten, die den Anstieg in jedem Fall wert sind.

Spät am Abend verflüchtigen sich die Nebel, und die letzten Sonnenstrahlen küssen das nun endlich sichtbare Haupt des Kilimanjaro. In diesem Moment, wenn der **Kibo** in sattem Rot oder Rotbraun leuchtet, ist man fast geneigt, der Cooley'schen Karneol-Theorie Glauben zu schenken (☞ „Kampf um Schnee und Eis"). Auf der anderen Seite des Berges, tief unten im Flachland glitzert durch die Schwärze der Nacht Moshi herauf – nie ist es schöner.

Frederick machte mich noch darauf aufmerksam, dass morgen ein hartes Stück Arbeit auf uns zukomme und ich wirklich um 6:00 aufstehen solle. Ich wusste, was er meinte – das *Breakfast*. Diese östliche Talschulter des Great Barranco Valleys hat es wirklich in sich, und ich wusste aus Erfahrung, dass ein sehr früher Abmarsch die einzige Chance ist, heil rüberzukommen, und fügte mich.

Der einzige Lichtblick am frühen Morgen war die mit heißem Wasser gefüllte Waschschüssel – in der beißenden Kälte ein Luxus ohnegleichen. Wir sputeten uns mächtig und hatten bald den Einstieg zum *Breakfast* erreicht. Man muss über diese fast senkrechte Wand so früh wie möglich hinauf, weil noch alles gefroren ist. Später am Vormittag taut es, und der matschige Untergrund macht den Aufstieg noch gefährlicher. Aber auch bei knochenhart gefrorenem Untergrund ist die Bewältigung nicht einfach und vor allem sehr anstrengend. Als ich hier das erste Mal ging, wusste ich nicht einmal, dass ich schwindelfrei bin. Diese Frage hatte ich mir nie vorher gestellt, wozu auch?

Auch das *Breakfast* – eigentlich müsste es „Breakslow" heißen – hat einmal ein Ende und nach knapp zwei Stunden waren wir am kleinen Plateau angelangt und nahmen eine Tasse Tee und die obligaten Kekse zu uns. Meine anstrengende, eingangs erwähnte Tour durch Tansania hatte gut gewirkt – ich langte noch nie so relaxed hier oben an.

Nach der kurzen Rast ging's vergleichsweise gemütlich weiter. Wie am Vortag stiegen die Nebel vom Regenwald auf, hatten uns bald eingeholt, und wieder jagten wir dem immer zurückweichenden Tunneleingang nach. Nach vier Stunden

Bummelei tat sich die riesige Furche des Karanga-Valleys vor mir auf und wieder wurde gerastet.

Als ich begann, ins Tal abzusteigen, sah ich an der gegenüberliegenden Tal-schulter gerade noch die Salzburger verschwinden. Im Stillen dachte ich „scha-de", sie waren mir irgendwie ans Herz gewachsen und obwohl sich unsere Wege an der **Mweka-Kreuzung** endgültig trennten, sollte es nicht mein letzter Kontakt gewesen sein.

Meine Rast am **Karanga-River** fiel kurz aus, Wasser fassen, Sandwich verzehren, die ziemlich steile östliche Schulter rauf und weiter – ein Tal nach dem anderen überquerend, ein ununterbrochenes Hin- und Herwandern zwischen Heidezone und Steinwüste. Das riesige, staubtrockene Tal, das den Mweka-Trail markiert, hielt an seiner Ostschulter noch einen steilen Anstieg für mich bereit. Ab jetzt ging's nur noch den Mweka-Trail hinunter, da ich ja die Gipfelbesteigung beim nächsten Auf-stieg vorhatte (☞ Teil 2). Die Salzburger waren wahrscheinlich schon im Barafu-Camp angekommen und bereiteten sich auf den Gipfelsturm vor.

Als schön kann man den damaligen Weg bis zum Mweka-Camp nicht gerade bezeichnen, schön war lediglich der Blick zurück, zum Schneehaupt des Kilimanjaro. Der furchtbar erodierte Weg erforderte die gesamte Aufmerksamkeit des Wanderers. Die massiv ausgetretenen und ausgewaschenen Hohlwege stellten für mich immer wieder eine Bedrohung dar. Hohlwege haben etwas Romantisches an sich, wenn sie z. B. in einem Weinbaugebiet oder sonst irgendwo in durchgehend kultiviertem Gebiet durchschritten werden. Doch hier, inmitten einer unvergleich-lichen Naturschönheit, glich der Hohlweg des Mweka-Trails eher einer Narbe. Es war auch nicht ganz ungefährlich, hier zu gehen, denn wenn es oben stark reg-nete, verwandelte sich der Hohlweg unversehens in ein tosendes Wildbächlein.

Mittlerweile ist aber auch dieser Weg rehabilitiert und kann gefahrlos beschrit-ten werden.

Bis 1993 war es noch gestattet über den Mweka-Trail aufzusteigen, ich habe das niemals in Erwägung gezogen. Es muss eine unglaubliche Tortur sein, über diese Steigung den Berg zu erklimmen.

Im **Mweka-Camp** erwartete mich die nächste Überraschung. Acht Zelte stan-den bereits und eine Unmenge an Trägern wuselte durch die Gegend auf der

Suche nach Brennholz, alle waren sichtlich froh, dass ihre Tour bald vorüber sein würde.

Es war die Trägermannschaft einer australischen Gruppe, die ebenfalls über die Machame-Route aufgestiegen waren, jeweils einen Tag vor mir. Nun erwartete man die Touristen und ihre *Guides* vom Gipfelsturm zurück. Nach vier Tagen Ruhe und Einsamkeit kann einem das Durcheinander ganz schön auf die Nerven fallen.

Es sollte noch schlimmer kommen. Kurz nachdem ich vor meinem Zelt meinen

Lobelia deckenii

Tee schlürfte, hörte ich Fetzen der üblichen tansanischen Unterhaltungsmusik. Im ersten Moment dachte ich an eine akustische Halluzination. Doch die Musik wurde kontinuierlich lauter, und die zuvor verstreuten Fetzen fügten sich zu einem Song vom „Kanda Bongo Man", dem unumstrittenen Star der tansanischen Musikszene.

Die Australier kamen mit ihren fünf *Guides* und *Assistant Guides* vom Gipfel zurück und da ihre Erfolgsrate 100 %ig war, war großes Feiern angesagt. Man sang und tanzte zu den Rhythmen des „Kanda Bongo Man" und, ich traute meinen Augen nicht, plötzlich war ein Kasten Bier da, und die Fröhlichkeit war grenzenlos.

Inmitten der ausgelassenen Bande ragte ein hagerer, baumlanger, mit riesiger Sonnenbrille bewaffneter Kerl empor – der Chef der *Guide-Crew* namens James.

Er hatte nicht nur die größte Freude am Erfolg, er hatte auch das Musikgerät und
nannte es liebevoll „Powerstation". Im hochindustrialisierten Norden der Welt wird
diese tragbare Kombination aus Radio, Cassetten-Tape und zwei Lautsprechern
abwertend als *Ghettoblaster* bezeichnet. Es war zwar furchtbar, aber andererseits
passte es auch wieder zum furchtbaren Weg – ich war hin- und hergerissen. Gegen
21:00 erledigte sich dieses Lärmproblem durch die Müdigkeit der Verursacher von
selbst.

Der nächste Morgen begann hektisch. Erstens musste noch der letzte Teilabschnitt des Mweka-Trails hinuntermarschiert werden, zweitens wollte ich noch am
selben Tag den ersten Teilabschnitt der **Umbwe-Route** in Angriff nehmen
(☞ Teil 2). Der Weg durch den Erikazeen- und Regenwald des Mweka-Trails ist
sehr steil und schlammig und daher auch extrem rutschig. Zu früher Stunde ist
zumindest der obere Teil noch fest, teilweise gefroren.

Wenn eine große Gruppe vor einem geht – die Australiergruppe bestand aus
insgesamt rund 40 bis 45 Personen – ist es schnell damit vorbei, und man kann
nur noch hinterherrutschen. In der Praxis bedeutete das Wecken um 5:00 und
bereits 6:30 stolperten wir los, anders kann die Fortbewegungsart durch den mit
Gesteinsbrocken übersäten Hohlweg nicht bezeichnet werden.

Doch nach ca. zweieinhalb Stunden, wir wankten bereits durch den wunder-
schönen Regenwald, war die Umgebungstemperatur so weit angestiegen, dass ich
oft knöcheltief durch den Schlamm waten musste und immer wieder der Länge
nach ausrutschte. Während der Trockenzeit regnet es zwar fast nicht am Mweka-
Trail, dennoch ist alles feucht und nass, das im Kapitel „Lebensader" über die
Wasserspeicherkapazität des Waldes Gesagte wird nirgends deutlicher als hier.

Endlich am *Roadhead* der **Mweka-Forststraße** angelangt, war ich fast erleich-
tert, dass die Zivilisation in Form des **Mweka-Dorfes** nahe war.

Beim *Gate* gab es endlich das verdiente Bier für die Träger. Da nach einer
Stunde Warten noch immer kein Transport kam, marschierten wir los, diesem entgegen. Im Zentrum Mwekas angelangt, knallte die Sonne bereits mit brutaler
Gewalt auf unsere Köpfe und obwohl wir nur sieben Personen waren, bildeten wir
eine Schlange von fast 300 m Länge. Die „Straße" bestand aus einer knöcheltie-
fen Schicht feinsten Sandes, und jeder wirbelte trotz des langsamen Tempos eine
gehörige Staubwolke auf.

Auch hier keine Spur eines Transportes, weiter zum Wildlife College. Auch hier keine Spur eines Transportes, wir warteten wieder und langsam lief uns die Zeit davon. Nach einer weiteren Stunde Warten – es war bereits ca. 14:00 – wurde es mir zuviel, und ich mietete das Auto des College, um zumindest bis Moshi zu fahren.

Da es für den Start an der Umbwe-Route sowieso schon zu spät war – wir sollten noch einkaufen, auch der Transport dorthin war nicht geklärt – fuhren wir mit einem Dalla-Dalla zurück nach Marangu.

Unterwegs lasen wir zufälligerweise noch den *Vice-Director* des Hotels auf, er staunte nicht schlecht und war ziemlich verlegen, als er uns sah. Seiner Aussage nach hat man uns erst am nächsten Tag erwartet. Das Management war in seiner Gesamtheit nämlich davon ausgegangen, dass ich, obwohl nicht geplant, doch im Karanga-Camp übernachten würde – so war es bis jetzt immer noch gewesen. Man sprach ganz einfach so lange über eine vermeintliche Tatsache, bis sie allgemein als solche akzeptiert war. Weil der Fehler eindeutig beim Hotelmanagement und *Tour Operator* lag, wurden die Kosten für Automiete anstandslos ersetzt, auch der verlorene Tag am Berg bzw. die Nacht im Hotel nicht berechnet.

Teil 2

Der Tag begann wie jeder Tag am Kilimanjaro mit Wecken um 6:00. Doch dieses Mal waren wir schon kurz vor 8:00 unterwegs – die Formalitäten bei der KINAPA waren bereits vor einer Woche erledigt worden. Am Vortag hatte ich mit der Trägermannschaft noch kurz darüber gesprochen, ob sie Teil 2 mitmachen wollten oder nicht. Die Antwort fiel eindeutig aus und um 7:00 waren die *Friends* wieder vollzählig vorhanden. Dass Frederick wieder mein *Guide* sein sollte, war klar. Stoisch und schwarz gekleidet wie immer, klopfte er mir auf die Schulter und sagte nur „*Good Luck*".

Die **Umbwe-Route** war neu für mich, aber bis auf das obligate Einkaufen von Nahrungsmitteln am Markt von Moshi bot die Fahrt nach Umbwe-Dorf nichts Aufregendes. Am *Gate* wieder das Übliche: Einpacken, auspacken, umpacken, Frederick und ich gingen derweil auf der Forststraße voraus.

Die Literatur über die Westseite des Kilimanjaro ist nicht besonders umfangreich, über die in Vergangenheit wie Gegenwart äußerst selten begangene

Umbwe-Route im Speziellen existierte nichts außer ein paar diffusen, nichtssagenden Artikeln in meist englischsprachigen Publikationen. Im Prinzip wusste ich über mein Vorhaben nicht mehr als „steil, schön und nass".

Ich hatte die Machame-Route, die auch ziemlich steil ist, hinter mir, ich hatte das *Breakfast* hinter mir, was sollte mich da noch überraschen? Ich war frohgemut, freute mich auf ein neues Erlebnis, vertraute auf die Kraft in meinen Waden, und zog los. Nach einer halben Stunde keuchte ich bereits wie ein altes Walross, nach einer weiteren halben oder dreiviertel Stunde pfiffen meine Lungen nur noch, nach der nächsten halben Stunde war endlich Rast. Ich fühlte mich schon jetzt ausgelaugt.

Die extrem steile Forststraße zu diesem Rastpunkt und die bereits enorm hohe Luftfeuchtigkeit hätten mir zu denken geben sollen. Auch die in vollem Saft stehende, undurchdringliche hohe grüne Wand zu beiden Seiten der Straße hätten meinen Verdacht erregen sollen, der gänzlich verstummte Frederick und die überaus lange Dauer der Rast ebenfalls.

Doch ich ignorierte die Anzeichen, sie fielen mir nicht einmal auf. Ich war einfach versessen darauf, diese Route zu gehen.

Als die Träger ohne zu halten an uns vorüberzogen, saß Frederick mir gegenüber auf einem halbverfaulten Baumstamm, blickte mich mit Sorgenfalten auf der Stirn an, nickte bedeutungsvoll, seufzte, stand auf, ging vielleicht 10 m, dann verschluckte ihn der Wald. Schnell hinterher – schlagartig wurde es finster, der Wald brach auch über mich herein. Äste, Zweige und Moospolster griffen nach mir, Flechten fingen mich in ihren Netzen, der Untergrund hielt mich fest und wollte mich offenbar einsaugen, riesige Baumstämme schickten sich an, mich zu erdrücken, mir blieb die Luft weg. Mir fielen die alten Legenden ein, vom Berg, der den Wanderer ablehnt, verschluckt, vom riesigen Geistwesen, das die Füße verwirrt, den Wanderer ausrutschen, abstürzen lässt.

Zur logischen Begründung meines Weitergehens fiel mir allerdings nichts ein, ich folgte einfach Frederick in den Tunnel hinein, den Tunnel, der am Southern Circuit permanent vor uns zurückwich. Mit größter Beunruhigung stellte ich auch fest, dass die Steigung noch größer war als zuvor. Es wurde immer steiler und steiler und nasser und nasser, die Feuchtigkeit tropfte von den Bäumen und sog sich in den Untergrund.

Auch wenn es eben wäre, fände man keinen Halt und würde rutschen wie auf Glatteis. Ich weiß nicht, welches Schuhwerk hier adäquat wäre, ob so eines überhaupt existiert. Für Kraftfahrzeuge wurden von findigen Ingenieuren so genannte Schlammketten erfunden (bei Fahrten während der Regenzeit in Zentralafrika von großem Vorteil), bei Gletscherquerungen schnallt man sich Steigeisen unter die Schuhe; doch für den Wanderer im schlüpfrigen Schlamm hat sich offensichtlich noch kein Erfinder interessiert.

Am schlimmsten waren die freiliegenden Wurzelstöcke der Baumriesen. Alle Bäume hier sind Flachwurzler, und der weit ausufernde Wurzelstock verläuft parallel zum felsigen Untergrund. Da dieser sehr steil ist, verläuft auch der Wurzelstock in derselben Steilheit – man sollte deswegen vielleicht eher von Steilwurzlern sprechen. Die Oberseite der teils oberschenkeldicken Hauptwurzeln liegen oft frei und hat meist keine Borke. In der Praxis heißt das eine wunderschön anzuschauende Abfolge von dunklem, rotbraunem, schlüpfrigem Lehm und wesentlich helleren, ebenso glitschigen Riesenwurzeln, alles in allem kann man pro Wurzelstock mit einer Ausdehnung von 10 bis 20 m rechnen.

Beim Drüberklettern rutscht man unweigerlich aus, krallt sich unbewusst fest, der erste Fingernagel reißt, man strampelt noch ein bisschen, dann ist man schon wieder drei oder vier Meter weiter unten. Dieser Vorgang wiederholt sich ohne Unterlass.

Zwischendurch, wenn es einmal keine frei liegenden Wurzelstöcke zu überwinden gibt, liegen Baumstämme – Durchmesser um einen Meter, manchmal dicker – über dem Weg, die auch ziemlich rutschig sind. Dann gibt es riesige Felsbrocken, die in schwarzem Schlamm eingebettet sind. Sackt man zwischen zwei Brocken sehr tief ein, wird der Schuh durch das eigene Körpergewicht zwischen den Brocken eingeklemmt, worauf der Luftraum zwischen Hose und Schuhschaft massiv mit Schlamm angereichert wird.

Ich hatte zwar Gamaschen mit, doch die waren für die nächsten Tage bestimmt und wurden, während ich nasser und nasser wurde, wohlversorgt im wasserdicht verpackten Gepäck auf Trägerrücken zum Umbwe-Camp geschleppt.

Dann gab es die extrem heimtückischen Passagen, wo sich die Ausläufer eines Wurzelstockes unter einer dünnen Schlammschicht verbargen (der Baum selbst stand irgendwo abseits des Weges). Da es sich ja offenbar um eine hindernisfreie Stelle handelte, war man zack auf eine Wurzel getreten, ausgerutscht und schon wieder hingefallen.

Kibo vom „Sattel", etwas links des Zentrums die Kibo-Hut, man sieht deutlich den Weg zum Kraterrand/Gilman's Point

Als sich Frederick auf einer kleinen Lichtung, die einzige ebene Stelle weit und breit, auf einen umgestürzten Baumstamm setzte, war die lang ersehnte Lunchpause eingetreten. Ich sank erschöpft auf meine Knie. Als ich mich wieder bewegen konnte, überreichte mir Frederick wortlos Tee, Sandwiches und einen Schokoriegel.

Die ersten Worte, die ich an Frederick richtete, erstaunten ihn nicht besonders: „Wo sind wir?" Seine Antwort deprimierte mich tief „Nearly half way". Ich war nahe dran aufzugeben. Der Schlamm auf der Kleidung war halbwegs getrocknet und konnte abgeschüttelt werden. Glücklicherweise hatte ich vorgesorgt und eine wasserdichte Jacke und Hose in den Tagesrucksack gepackt. Ich musste diese bereits ca. 10 Minuten, nachdem wir die Forststraße verlassen hatten, überziehen. Doch, wie gesagt, die Gamaschen fehlten, und meine darunter getragene Stoffhose war nass bis über die Knie.

Meine Finger schmerzten, meine Beine schmerzten, mein Kopf schmerzte, alles schmerzte und als sich Frederick anschickte weiterzugehen, rappelte ich mich hoch, zog mein Regenzeug über und stapfte meinem *Guide* hinterher.

Warum, weiß ich nicht genau. Die Automatik, die von mir Besitz ergriffen hatte, war auf „On" gestellt, und es gab nur einen Gang – vorwärts, hinauf und leiden.

Anscheinend hatten von den wenigen Menschen, die vor mir hier Rast machten, die meisten aufgegeben und waren umgekehrt. Bisher war ein Pfad auszumachen gewesen, doch jetzt stiegen wir zunehmend querfeldein. Das heißt, Frederick stieg, ich kroch und rutschte durch die grün-braun-schwarze Hölle und bald war klar, dass der Teilabschnitt vor der Pause nur der Anfang war. Es wurde jetzt noch steiler, noch matschiger, noch mehr Hindernisse verbarrikadierten den nicht vorhandenen Weg.

Langsam bekam ich es mit der Angst zu tun, denn ich stolperte schon seit geraumer Zeit über einen messerscharfen Grat dahin, rechts und links eine bodenlose Tiefe. Hier einen Fehltritt zu tun, hätte fatale Folgen, und ich überlegte mir, wer mich wie retten könnte, immerhin hatte ich die *Rescue-Fee* entrichtet. Ich kam zu dem Schluss, dass einer, der hier hinunterfällt, lange fällt und von niemandem gerettet werden kann. Man vermodert hier ganz einfach und wird Teil der Natur. Ununterbrochen dachte ich, das ist das Schlimmste, was mir widerfahren konnte, es kam aber jedes Mal noch schlimmer. Der erste Tag des Umbwe-Trails ist eine fortlaufende Steigerung und gäbe es eine vierte Steigerungsform von steil, schlimm, anstrengend, verzweifelt usw. müsste sie einheitlich umbwe heißen.

Als ich endlich nach insgesamt gut sechs Stunden Qual, den Rauch des Lagerfeuers in die Nase bekam, ließ ich mich fallen und blieb liegen. Frederick bedeutete mir zu bleiben und ging. Eine Viertelstunde später, ich lag noch immer, kamen zwei Träger, griffen mir unter die Arme und wollten mich zum Lager schleppen. Ich lehnte das Anerbieten ab und kroch auf allen Vieren zu meinem Zelt. Es muss ein kurioser Anblick gewesen sein – die Trägermannschaft stand etwas oberhalb meines Zeltes vor einer Höhle im Rauch des Feuers, Frederick wartete mit Tee und Keksen beim Zelt und dazwischen bewegte sich ganz langsam ein Schlammklumpen dahin. Warum die Zuschauer nicht lachten, weiß ich nicht, wahrscheinlich aus Höflichkeit.

Nach Minuten der absoluten Bewegungslosigkeit trank ich die erste Tasse Tee, zog mein wasserdichtes Zeug aus und war wieder als Mensch zu erkennen. Exakt in dem Moment als sich das merkwürdige Grummeln im Bauch als Hunger meldete, servierte Frederick geröstete Weißbrotscheiben, Margarine, gebratene Paprikaschoten und viel Salz. Es folgten Tomatencreme (wieder mit Weißbrot und Salz), als Hauptspeise eine Unmenge gebratener Corned-Beef-Scheiben mit gebratenen Möhren und meinem heiß geliebten Ugali (Frederick dachte an alles). Die Lebensgeister kehrten zurück, aber schon nach einer halben Stunde kroch ich in mein Zelt und mir fielen die Augen zu.

Zu Ihrer Beruhigung: Mittlerweile ist der Weg zum Umbwe-Camp neu angelegt und einwandfrei in Ordnung, vor allem trocken und mit Drainagen versehen. Steil ist er nach wie vor. Selbiges gilt auch für den weiteren Weg.

Der nächste Morgen – Wecken wie üblich um 6:00 – sah mich zwar noch ein bisschen müde, aber grundsätzlich gut gelaunt und voll Angriffslust. Meine Hose war in der Trägerhöhle neben dem wärmenden Feuer halbwegs getrocknet, das Frühstück ausgezeichnet, der Tag hell und klar, aber eiskalt. Um 7:30 nahm Frederick seine schwarze Tragetasche und seinen Stock und weiter ging's durch den erbarmungslosen Regenwald. Die Steigung war nach wie vor extrem, die Hindernisse nach wie vor in Unzahl vorhanden, als neue Unbill gesellten sich eisüberzogene Wurzeln hinzu. Doch irgendwie ging jetzt alles leichter. Vielleicht ist doch etwas dran an der Volksweisheit, dass man am Widerstand wächst.

Langsam wurde es heller, der dichte, undurchdringliche Regenwald überlässt den Erikazeen den Vortritt, von wirklich hell kann aber noch lange nicht die Rede sein. Die Steigung bleibt gleich stark, aber weniger mächtige Hindernisse versperrten den Pfad. Erikazeen-Stangen mussten zwar zuhauf weggeräumt oder durchgetreten werden, verglichen mit den gefallenen Baumriesen des Vortages jedoch ein Klacks. Gänzlich unvermittelt tauchte auf einmal zum Greifen nahe das große Schneehaupt des Kibo vor uns auf, ein fantastischer Anblick. Genauso schnell verschwand er aber wieder hinter Nebel und Wolken, ein untrügliches Zeichen des Gipfels, der uns auf diese Art mitteilte, dass er doch noch vier Tage entfernt war.

Da jetzt die Weitsicht wesentlich besser war als im dunklen Regenwald, erkannte ich die Gefahr, in der ich mich seit gestern fortbewegte, in ihrer grausigen Gesamtheit. Der Pfad schlängelte sich nach wie vor entlang des scharfen Grates des Vortages. Doch jetzt sah man weit, weit hinunter. Nur nicht fallen, im Regenwald prallt man vielleicht an einen Baumriesen und bleibt möglicherweise auf halber Strecke liegen. Doch die dünnen Stangen halten einen fallenden, rollenden Körper nicht auf, sie fungieren eher als Speere.

Über die Moor- und Heidezone der Umbwe-Route ziehen unvorstellbar wilde Stürme, die furchtbare Breschen in den Erikazeen-Gürtel schlagen. Es herrscht ein unvorstellbares Wirrwarr von senkrecht stehenden, waagerecht liegenden und in allen möglichen und unmöglichen Stellungen dazwischen sich befindlichen Holzstangen, manche halb vermodert, manche erst vielleicht gestern umgeknickt mit mörderisch spitzen und scharfen Zacken und Kanten an der Bruchstelle. Natur ist nicht immer ein lauschiges Plätzchen am Waldesrand, Natur kann auch sehr brutal sein.

Ich musste ca. zwei Stunden nach Abmarsch vom Umbwe-Camp bemerken, dass plötzlich die Steigung ein Ausmaß annahm, das offensichtlich für außerirdische Wanderer gedacht war. Wieder begann dieselbe Plackerei und Schinderei des Vortages. Hindernisse gab es ebenfalls wieder zuhauf in Form riesiger Steinblöcke zu überwinden. Gottseidank war es bereits so warm (also einige Grade über dem Gefrierpunkt), dass nicht mehr Eis die Oberfläche bedeckte. Von Neuem begann das Ausrutschen und das Hinfallen, das Aufstehen und das wieder Ausrutschen usw. Wie am Vortag machte ich auch diesmal viele Pausen unter dem Vorwand, ich müsste jetzt dringend fotografieren. Leider war ausreichend Licht vorhanden und ich musste nicht langwierig das Stativ aufstellen, die Pausen fielen daher etwas kürzer aus. Ob mir Frederick diese Ausrede überhaupt abnahm, weiß ich nicht, ich glaube aber eher nein.

Im ersten Abschnitt des Umbwe-Trails gibt es zwei winzige ebene Rastplätze und ein kurzes Stück von vielleicht 100 m, wo es sogar bergab ging. Der Rest des Weges beginnt auf steiler, lehmiger Straße und wird kontinuierlich steiler und steiler, matschiger und matschiger. Am zweiten Tag wird es insofern vergleichsweise gemütlicher, als sich steile, sehr steile, weniger steile, sogar ebene Partien abwechseln. Das lässt Hoffnung aufkommen, dass man es doch schaffen kann. Für den zuvor angeschnittenen extrem steilen Anstieg benötigte selbst ich „nur" zwei Stunden, eine vergleichsweise kurze Anstrengung.

Der Kilimanjaro ist kein brutaler Berg, er stellt einen nur auf die Probe, und für jede erbrachte Anstrengung gibt es eine Belohnung. Kurz nach diesem Anstieg erfreuten sich meine Augen an einem riesigen und extrem dichten **Senecienwald**, und meine Beine erfreuten sich am ebenen Grund. Dort, wo der Wald am dichtesten ist, liegt die obligate Raststelle.

Auch die Rast im schönsten Senecienwald des Kilimanjaro geht vorüber, und man muss weitermarschieren. Der Berg hat endlich ein Einsehen, die Steigung bis zum Barranco-Camp ist zwar nicht sehr steil, aber trotzdem anstrengend genug.

Senecienbestände kurz unterhalb der Horombo -Huts © Mag. Gerhard Hirn

Obwohl diesmal außer uns niemand im Camp war, hatten die Träger trotzdem dieselbe, von den Toilettenanlagen weit abgelegene Höhle bezogen wie vor einigen Tagen (☞ Teil 1). Es war mir egal, mein Zelt stand ebenfalls am gleichen Platz, ich fühlte mich zu Hause und war todmüde. Es war aber nicht mehr die Erschöpfung wie am Vortag, es war die wohltuende Müdigkeit nach einem großartigen Erlebnis. Außerdem wusste ich, dass die Umbwe-Route ein Ende hatte und dass der mir bekannte **Southern Circuit** nur ein „Spaziergang" war.

Dass die beiden letzten Tage auch für die Träger und selbst für Frederick nicht ohne gewesen waren, merkte ich an der Weckzeit. Während meiner mittlerweile zehnjährigen Kilimanjaro-Erfahrung war es mir noch nie gelungen, einen Führer, auch Frederick nicht, davon zu überzeugen, dass Wecken um 7:00 ausreichend ist – diesmal ging es sogar ohne mein Zutun. Wir frühstückten in aller Gemütlichkeit und zogen dann Richtung *Breakfast*.

Nach den Anstrengungen und Selbstüberwindungen der beiden letzten Tage kam mir diese Wand, die mir bis dahin als Nonplusultra-Schwierigkeit des Berges erschien, jetzt wahrhaftig nur als Berglein vor und schon war ich oben an der *Pic-*

nic Site angelangt. Ich hatte das **Breakfast** in weniger als einer Stunde geschafft, persönlicher Rekord. Es ging auch in diesem Tempo weiter, Talschulter hinunter, übers ausgetrocknete Flüsschen gehüpft – was muss sich hier während der Regenzeit abspielen – durch Sand und Asche die andere Talschulter wieder hinauf.

Als ich jedoch auf der westlichen Talschulter des Karanga-Valley stand, war es mit dem Übermut vorbei. Als ich das kleine Toilettenhäuschen am gegenüberliegenden Hang sah, zwang mich der Dämon des Kilimanjaro Platz zu nehmen. Am Grund des Tales rastete ich wieder, und das Aufblitzen meines blauen Zeltes auf halber Höhe der östlichen Talschulter rief mir in Erinnerung, dass ich mich noch eine halbe Stunde zu quälen hatte. Mit den letzten Reserven kam ich bei der rot-weiß-karierten Tischdecke an, setzte mich ächzend und trank Tee. Es war 14:00, und ich hatte nun Zeit und Muße genug, die Umbwe-Route an meinem geistigen Auge vorüberziehen zu lassen.

Es klingt paradox, wenn ich sage, sie sei die schönste Route für mich, sagen wir deshalb, sie ist der beeindruckendste Trail am Kilimanjaro. Diesem gewaltigen Naturschauspiel, dieser unheimlichen Szenerie über zwei Tage kann ein gewöhnlicher Superlativ bei weitem nicht gerecht werden. Am beeindruckendsten ist die absolute Stille, kein Ton, kein Laut, nur das eigene Schnaufen und Keuchen stört die Idylle. Schon auf der Machame-Route hat man das Gefühl von absoluter Stille, doch dort herrscht vergleichsweise der Lärm einer Autobahn. Entlang der Umbwe-Route gibt es nicht einmal mehr Treiberameisen, von Vögeln und Säugetieren – auf der Machame-Route zwar nicht in großer Anzahl, aber dennoch vorhanden – ganz zu schweigen. Es gibt auch keine Blumen, es gibt nur ein mystisches Grün, Schwarz und Braun.

Und Regen gibt es auch, zweimal am Tag: einmal um 10:00/11:00, einmal zwischen 14:00 und 15:00. Bei der ursprünglich vorhandenen Nässe macht das aber nichts, die Sicht verkürzt sich gewaltig, und vorübergehend dringt ein unvorstellbares Brausen und Rauschen ans Ohr, sonst ändert sich nichts, doch der Schlamm wird für eine kurze Weile von der Kleidung gewaschen. Wer nicht nur aus Gründen des Status den Kilimanjaro bezwingen will, sondern um des einmaligen Erlebnisses willen dieses Unternehmen startet, der ist mit dem Umbwe-Trail bestens beraten – daran denkt man noch sehr lange zurück.

*Kibo in den Wolken, von der Kreuzung Southern Circuit/Marangu Route
aus gesehen*

Vom **Karanga-Camp** kann man zumindest am späteren Nachmittag bzw. frühen Abend einen Großteil der Südseite des Kibo überblicken. Als ich mich satt gesehen hatte, schloss ich die Augen und döste vor meinem Zelt in den letzten Sonnenstrahlen ein wenig vor mich hin und wartete auf das Abendessen. Plötzlich erfüllte ein unheimliches, schnell anwachsendes Dröhnen die Luft. Im ersten Moment dachte ich an Regen, als aber auch die Mannschaft in Aufregung versetzt wurde, sprang ich auf und traute meinen Augen kaum.

Vom obersten Abschnitt der tiefen Scharte zwischen Kersten- und Deckengletscher hatte sich eine enorme Steinlawine gelöst und rollte unter mächtiger Staubentwicklung, die ca. ein Fünftel des Kibo einhüllte, zu Tal.

Obwohl dieses Phänomen weit entfernt war und für uns keine Gefahr bedeutete, waren die Träger entsetzt, und in meiner Kehle begann ein Kloß zu schwellen. Ich würgte daran herum und dachte an dort eventuell herumkletternde Hochalpinisten. Daran dachten auch die Träger, denn diese begleiten die Bergsteiger zumindest bis zum Basislager am Fuße der Scharte. Nach drei, vielleicht vier Minuten war der Spuk vorüber, keiner der dort Anwesenden hätte dies überlebt. Der Rest des Abends verlief wieder in geordneten und üblichen Bahnen – Abendessen, Tratschen, Schlafen, sogar Rauchen war wieder genussvoll möglich.

Am nächsten Morgen, wie gehabt Wecken um 6:00, warmes Waschwasser stand bereit, Frühstück ebenfalls, 7:30 Abmarsch.

Die bleierne Müdigkeit war verschwunden, der halbe Rasttag hatte sich bewährt. Hurtig ging's voran. Flusstal 'runter, Bächlein übersprungen, Flusstal rauf, wieder bis zum riesigen Tal der bekannten Mweka-Route, dieses Mal jedoch links hinauf, dem Gipfel entgegen.

Ich finde es zwar höchst ärgerlich, dass man wieder talrunter, talrauf steigen muss, doch was soll's, diese Talschulter ist der letzte wirklich steile Anstieg zum Barafu-Camp.

Bald taucht links der **Mawenzi** auf, und ein vertrautes Gefühl machte sich in mir breit. Manches Mal kommt beim Anblick des Mawenzi Bedauern in mir auf, dass ich über keine Kletterausbildung verfüge – der „Zerschrundene" reizt mich jedes Mal mehr. Als ich der überwältigenden Wetterscheide ansichtig wurde, wusste ich, dass auch dieser Tag bald geschafft war. Da die Steigung mäßig und ich auch ausgeruht war, erreichten wir in einer Stunde das Camp, und ich freute mich, dass außer uns niemand anwesend war.

Das **Barafu-Camp** ist das einzige Camp am Berg, über das immer, Tag und Nacht, Stürme fegen. Die Anzahl guter, d. h. halbwegs windgeschützter Zeltplätze ist begrenzt, wer zuerst kommt, mahlt daher auch zuerst. Eine weitere Besonderheit stellt die Toilettenhütte dar: Erstens hat sie rein optisch (wie die Blechhütte der Träger) in dieser Mondlandschaft nichts verloren, zweitens ist sie über einen endlosen Abgrund errichtet, man scheißt sozusagen im freien Fall.

Ich muss bedauern, aber ich benutze diese Bedürfnisanstalt nicht, Träger und Führer übrigens auch nicht. Bis jetzt wurden die Fäkalien, nachdem das Frühstück zubereitet war, verbrannt (frühmorgens sind sie steinhart gefroren). Seit nur mehr Petroleum- oder Gaskocher verwendet werden dürfen, stellt sich allerdings das Problem der Entsorgung in einem anderen Licht. Mir ist zwar noch keine zufrieden stellende Lösung eingefallen, doch diese Hütte werde ich nie benutzen!

In dieser Region ist es sowieso extrem kalt, durch den Sturm wird die Kälte noch verstärkt, noch dazu beginnt der nächste Tag um Mitternacht. Ich verschwand also nach dem wie üblich ausgiebigen Abendessen sehr bald in meinem Zelt. Das obligate Plauderstündchen entfiel heute.

Der nächste Tag war eigentlich noch derselbe – Wecken um 23:00. Abmarsch nach zwei Tassen Tee und gezählten drei *Biscuits* kurz nach Mitternacht. Eiseskälte, schwarze Nacht und brausender Sturmwind waren meine Begleiter. Vom schwarz gekleideten Frederick sah ich nicht viel mehr als den Schein seiner Taschenlampe.

Wie das Camp ist auch der Trail eine unüberschaubare Ansammlung von Geröll und Sand in allen Größenordnungen, es beginnt mit fast staubähnlichen Durchmessern von einigen Zehntelmillimetern und endet bei einfamilienhausgroßen Felsen. Der einzige Vorteil der grimmigen Kälte ist, dass dies alles zu einem betonharten Gesamtkörper friert. Man muss nur genau schauen, wo man seinen Fuß hinsetzen will. Anfangs stößt man oft an übersehenen Brocken an, und das nehmen die eiskalten Füße sehr übel.

Nach einer halben oder dreiviertel Stunde kam der Zeitpunkt, zu dem einige Probleme in Heimtücke und Hinterlist fast gleichzeitig über mich herfielen. Da war zuerst mal die Höhe, die sowieso ein sehr langsames Gehtempo verlangt. Der Mweka-Anstieg zum Kraterrand ist der steilste des Berges, und ich begann wider Erwarten doch zu spüren, dass die ersten beiden Tage der Umbwe-Route mich fast überfordert hatten.

Diesmal leerte der Dämon seinen anscheinend unerschöpflichen Bleivorrat aber nicht nur in meine Beine, sondern auch in meinen Rucksack (Fotoausrüstung, Biwaksack, Wasser, mein Stativ hatte ich wohlweislich den Trägern anvertraut). Der Zick-Zack-Anstieg folgte sehr schnell dem Muster einen Schritt tun, Pause machen, nächster Schritt, Pause. Dann versagten die Batterien meiner Taschenlampe, es war zum Heulen. Frederick leuchtete abwechselnd nach vorne und nach hinten, so stolperte ich weiter.

Dann versagten auch die Batterien seiner Lampe, wir standen in der Finsternis, froren erbärmlich und wussten nicht aus noch ein. Eigentlich hätten wir stehen bleiben und auf den Sonnenaufgang warten müssen. Doch die Temperaturen von -16°C und die Abwesenheit eines Biwaksacks für Frederick untersagten diese Variante. Da Zurückgehen in dieser Situation gleich gefährlich ist wie Weitergehen, entschieden wir uns fürs Weitergehen.

Die Physiologie des menschlichen Auges stellt sich nach ca. 10 bis 15 Minuten auf die Lichtverhältnisse ein und kann selbst bei sehr schwacher Beleuchtung zumindest noch Grautöne unterscheiden. Das dafür notwendige Licht lieferten Sterne und der Halbmond, dennoch war es ein Hasardspiel, der blanke Wahnsinn.

Wir stolperten durch die Nacht, und ich verfluchte erstmals in allen Variationen Fredericks schwarze Kleidung. Wir verständigten uns durch Zurufe, bzw. Frederick sagte mir den Weg an. Seine Augen waren zwar 20 Jahre älter als meine, aber wesentlich besser. Doch auch er sah offensichtlich nicht viel mehr als hellere und dunklere Schemen, denn erstmals hörte ich auch diesen Stoiker stolpern und fluchen.

Es war eine unsägliche Qual; nach ca. drei Stunden konnte ich nicht mehr weiter und setzte mich hin. Frederick munterte mich auf, indem er sich meinen Rucksack schnappte. Das hatte auch den Vorteil, dass ich ihn jetzt etwas besser sah – mein Rucksack war hellbraun. Ich rappelte mich hoch und stolperte diesem Schimmer hinterher – ein Schritt vorwärts, stehen bleiben, keuchen, schnaufen, die Tabakindustrie und meine Sucht verfluchen, wieder ein Schritt, wieder stehen bleiben, meine Fehlplanung verfluchen, wieder ein Schritt.

Einige Passagen sind so steil, dass man auch die Hände benötigt, um darüber hinweg zu kommen, dann fiel die Rast etwas länger aus, und ich konnte mehrere Sachen in einem Stück verfluchen. Irgendwann, mein Zeitgefühl war ebenso nicht mehr vorhanden wie mein Wille, auf die Uhr zu sehen, tauchte weit vor, über mir ein endloser Schimmer auf – der Rebmann-Gletscher zwinkerte mir zu.

Die Lichtverhältnisse wurden besser, das Tempo dennoch nicht höher. Erst nach der Morgendämmerung hatten wir den unteren Rand erreicht. Bis zum Kraterrand sollte noch über eine Stunde vergehen; die Geröllhalde nahm unbeschreibliche Dimensionen an, und ich musste an die Steinlawine denken, die ich vom Karanga-Camp aus gesehen hatte.

Einige Schritte konnte ich nach diesem Gedanken schneller tun, es waren also noch Reserven vorhanden. Kurz nach 7:00 erreichten wir den Kraterrand, das ist eine bis zwei Stunden später als üblich, die Rast fiel daher sehr kurz aus.

Dann passierte etwas, was ich nie vergessen werde, Frederick meinte in seiner trockenen Art: „You are tough enough" – und gab mir meinen Rucksack zurück!

Ich schulterte ihn also – er schien mir leichter als zuvor – und strebte Richtung höchsten Punkt des Kraterrandes. Dieser war enttäuschend wie immer. Ich gehe nicht immer bis zu diesem Punkt, doch hin und wieder überfällt es mich einfach, und ich muss bis ganz hinauf.

Aufgrund der außergewöhnlich tiefen Temperaturen und des starken Windes blieb ich nicht lange und begann den Rückweg über die Marangu-Route. Ein Unterfangen, welches heute nicht mehr erlaubt ist.

Bereits hier am Gipfel war klar geworden, was mich erwartet: Unmengen an Menschen, die halbe Welt gab sich hier ein Stelldichein. Mit Genugtuung stellte ich auf dem Rückweg fest, dass es viele Wanderer gibt, die noch langsamer unterwegs waren als ich.

Ich freute mich diebisch, ihnen beim Bergabgehen ein fröhliches „Good Morning" zuzurufen und Ächzen und Stöhnen zur Antwort zu bekommen. Auf wundersame Weise waren meine Kräfte zurückgekehrt, lustig ging's über das große Aschenfeld hinunter, und die **Kibo-Hut** war bald erreicht.

Die Pause war wohlverdient. Frederick erzählte jedem, der es wissen wollte oder nicht, dass ich vier Routen en Suite gegangen war. Selbst den anwesenden Rangern nötigte das Respekt ab, sie spendierten für Frederick und mich je ein Bier. Nachdem wir etwas Energie getankt hatten, marschierten wir weiter zur Horombo-Hut, die Träger warteten bereits dort und hatten im Wissen, dass ich es bezahlen würde, bereits jeder eine Flasche Bier konsumiert. Wieder erzählte Frederick von unserer Tour, wieder spendierten die Ranger zwei Biere. Für die Träger gab es selbstverständlich eine zweite Runde auf meine Kosten.

Ein Bier kostet auf den Hütten US$ 1, der Einkaufspreis inkl. Transportkosten zur Hütte beläuft sich auf ca. 40 Cent. Abgesehen davon, dass die Ranger auf 60 Cent Profit freiwillig verzichteten, stellt für sie auch der genannte Anschaffungspreis eine ziemlich hohe Summe dar. Dass sie dennoch solch eine Großzügigkeit an den Tag legten, hing ganz offensichtlich mit meiner „Leistung" zusammen. Ich hatte mir darüber noch keine Gedanken gemacht, aber es ist schon eine Ausnahme, wenn ein Tourist eine andere Route wählt als den Marangu-Trail/Coca-Cola-Trail.

Die Bezwingung anderer Trails (Whisky-Trails) durch Touristen gilt als sportliche Leistung der Sonderklasse. Jetzt hatte ich obendrein zwei Whisky-Trails inkl. Gipfel in einem hinter mir, solch einer kommt nur alle 10 Jahre hierher. Langsam bekam ich Respekt vor mir selbst und überlegte mir, ob ich mich siezen sollte.

Spaß beiseite, genauso wie meine erste Tour 1986 hätte auch diese ins Auge gehen können. Wieder hatte ich einfach nur großes Glück und lernte vieles dazu.

Es war nicht nur ausschließlich meiner Zähigkeit zu verdanken, dass ich diese Tortur zu Ende bringen konnte, in hohem Maße am Gelingen war auch mein Freund Frederick beteiligt – ich bin nach wie vor fest davon überzeugt, dass ich es ohne ihn nicht geschafft hätte.

Er selbst sagt dazu nichts außer: „Be happy, you have done it". Auch allen Trägern – Henry,

Kibo-Hut, Eingang „Tourist Hut"

James, Nikolaus, Abraham und Koitu – möchte ich danken. Sie schleppten bei Teil 1 und bei Teil 2 meine Ausrüstung, mein Essen, sie sorgten für mich, sie sorgten sich um mich, sie hätten sich genauso gut nach Teil 1 mit „Der Verrückte soll sich neue Träger suchen, ich hab' genug verdient" verabschieden können.

Doch nein, sie nahmen die auch für sie enorme Anstrengung in Kauf. Das hat jetzt nichts mit Verdienen zu tun, wie jeder Guide wählt auch Frederick seine Trägermannschaft aus und ist bedacht darauf, dass niemand zu kurz kommt. Jeder seiner Freunde (und nur diese wählt ein *Guide* aus) kommt gleich oft dran, und meine Tour war für ihn und somit auch für die Träger zwei Touren.

Es hat ganz einfach damit zu tun, Frederick hat mir dieses in einer langen Session erklärt, dass man einen „Arbeitgeber" nicht im Stich lässt, dass man auch in schwerer Stunde bei ihm ist, denn ein gewohntes Umfeld macht vieles leichter. Ich kann das nur bestätigen.

Daher bin ich immer wieder aufs Äußerste verblüfft, sogar verärgert, wenn sich Touristen über die Höhe des Trinkgeldes beschweren. Ich blieb noch einige Tage in Marangu und hatte dabei das „Vergnügen", eine fünfköpfige Gruppe von Österreichern bei ihren Abendgesprächen zu belauschen.

Sie mokierten sich unbändig über die „gewaltigen" Trinkgeldforderungen der Mannschaft. Insgesamt hatten sie US$ 100 an Träger und Führer bezahlt, also US$ 20 pro Person, bei Gesamtkosten von ca. US$ 2.500/Person. Eine Lächerlichkeit! Wird durch solche Kleinkrämerei nicht das gesamte Erlebnis zerstört?

Kampf um Schnee und Eis

Der erste, der einen schneebedeckten Berg im Inneren Afrika erwähnte – Claudius Ptolemäus, 2. Jh. – hatte mit dessen Existenz kein wie immer geartetes Problem. Auch James Bruce wurde während seiner Äthiopienreise im 18. Jh. gesprächsweise mit „Schneebergen" im Süden konfrontiert. Sie kamen ihm sehr gelegen, obwohl er sie nicht mit eigenen Augen sah, titulierte er sie sofort als Quelle des Nils. Keiner der beiden kam im Entferntesten auf die Idee, die Information „Schnee" in irgendeiner Art abzulehnen, die Informanten der Lüge zu bezichtigen. Der kuriose Kampf um Eis und Schnee am Kilimanjaro tobte erst im 19. Jahrhundert.

Seit Ptolemäus oder Bruce hatte sich vieles geändert. Die wissenschaftliche Konkurrenz war härter geworden, der Ehrgeiz mancher übergroß, mit der Bezeichnung Lügner war man daher schnell bei der Hand. Manches war aber auch gleich geblieben, z. B. dass noch viele, eigentlich weitaus die meisten Geografen nach wie vor vom heimatlichen Schreibtisch aus arbeiteten und sich auf Informationen aus zweiter oder dritter Hand verließen. Der Fall des William Desborough Cooley (bereits im Kapitel ☞ „Vom Wachsen und Schrumpfen des Kilimanjaro„ kurz angeschnitten) kann für die Entwicklung innerhalb der geografischen Wissenschaften als exemplarisch angesehen werden.

Cooley war einer der führenden britischen und somit auch international anerkannten Geografen seiner Zeit. Obwohl er nie einen Fuß auf afrikanischen Boden gesetzt hatte, war dieser Kontinent sein Spezialgebiet. Er engagierte sich heftig in der Frage der Lage der Nilquellen und untermauerte in seinem Artikel „The Geography of N'yassy" (1845) die See-Theorie. Im Gegensatz zu den „Berg-Leuten", die, dem alten Ptolemäus folgend, die Nilquellen in einem interkontinentalen Gebirge vermuteten, glaubten die „See-Leute" die Quelle des Nils in einem oder mehreren großen, noch zu entdeckenden Seen im Landesinneren zu finden.

„Gipfelkreuz" Uhuru-Peak, Gerhard und Assistant Guide Gabriel
© Mag. Gerhard Hirn

In diesem Artikel erwähnte Cooley den Kilimanjaro – er schrieb Kirimanjaro – als berühmtestes und höchstes Gebirge auf dem Weg zu den Monomoezi. So wurden die Bewohner der Gestade des Nyassa-/Malawi-Sees genannt, seiner Meinung nach die Quelle des Nils.

Weiterhin teilte er mit, dass die Monomoezi früher Karneol genannte, rote Schmucksteine als Währung benutzten. Er ließ auch wissen, woher diese Karneole kamen: Der Gipfel des Kirimanjaro war förmlich übersät mit ihnen. Cooley sonnte sich im Erfolg und lebte ein feines Leben; er stand im Mittelpunkt der Afrikaforschung, die Fachwelt lag ihm zu Füßen, und er hatte keine großen Feinde. 1849 änderte sich die heile Welt für ihn allerdings auf dramatische Weise.

In diesem Jahr erschien im „Church Missionary Intelligencer" ein Artikel des protestantischen Missionars Johann Rebmann. Unter anderem referierte er über den Kilimanjaro, den er 1848 als erster Europäer erblickte und den er von einer mächtigen Schneekuppe gekrönt sah.

Cooley war außer sich! Da kam ein geografischer Laie, ein Missionar daher und wollte seinen mit roten Karneolen übersäten Berg plötzlich umfärben und gar mit Schnee bedecken, das konnte nicht angehen. Gegen dieses Kratzen an seiner bis dato unumstrittenen wissenschaftlichen Autorität in Sachen Afrika musste etwas unternommen werden.

Ein gewisser Charles Beke kam ihm allerdings zuvor. Dieser veröffentlichte in einem viel beachteten geografischen Fachmagazin des 19. Jh. namens „Atheneum" einen Artikel, in dem er dem Rebmann'schen Bericht Anerkennung zollte und diesen als wahr beurteilte. Seiner Meinung nach war die Schneekappe des Kilimanjaro die Quelle des Nils.

Dieser Meinung schlossen sich daraufhin mehrere „Berg-Leute" an. Cooley schäumte! Jetzt fielen sogar Kollegen über seine See-Theorie und den „Roten Berg" her. In der nächsten Atheneum-Nummer erschien Cooleys Antwort. In erster Linie attackierte er Beke & Co. hinsichtlich der Nilquellen-Frage. Er verschonte aber auch Rebmann nicht mit Hohn, Spott und Verachtung: „…. wir vermissen die Harmonie der Natur und die Farben der Realität in diesem unverantwortlichen, kläglichen und obskuren Bericht".

Er unterstellte Rebmann Wahnvorstellungen sowie Sinnestäuschungen und verkündete, dass die ganze Geschichte nur in der Vorstellung Rebmanns existiere. Denn Schnee am Äquator kann es gar nicht geben, so hoch könne ein Berg gar nicht sein. Cooley lehnte nicht nur den Schnee ab, er bestritt auch grundsätzlich das weiße Erscheinungsbild des Gipfels, selbst die von Rebmann angegebene Lage des Kilimanjaro zweifelte er massiv an, ja auch den Namen Kilimanjaro bestritt er. Seiner hochwissenschaftlichen Meinung nach musste der Berg weiter westlich liegen, ein rotes Erscheinungsbild zeigen und Kirimanjaro heißen, Punktum.

Cooley wäre kein Wissenschaftler des 19. Jh. gewesen, hätte er seine Aussagen nicht auch beweisen können, er betätigte sich dabei als Linguist. Über mysteriöse, uns unbekannte Kanäle hatte Cooley in Erfahrung gebracht, dass die Rote Koralle von den Wa-Swahilis an der Küste als Kirimanjara bezeichnet und dass davon ausgehend im Alltag überhaupt alles, was rot war, als Kirimanjara tituliert wurde. Kirimanjaro lässt sich daher seiner Meinung nach einfach mit „Der Rote (Berg)" übersetzen. Dieses fügte sich nahtlos zu seiner Theorie von den Unmengen an Karneolen am Gipfel, die weithin rot leuchteten. Richtigerweise heißt die Rote Koralle in Ki-Swahili übrigens marijani.

Wenn auch nicht alle Geografen derart aggressiv gegen Rebmann vorgingen wie Cooley, wurde dessen Bericht im Großen und Ganzen mit höchster Skepsis aufgenommen. Daran änderte sich auch nichts als Rebmanns Kollege Dr. Johann Ludwig Krapf am 10.11.1849 die Schneekuppe des Kilimanjaro ebenfalls mit eigenen Augen sah. Er veröffentlichte auch einen diesbezüglichen Bericht im „Church Missionary Intelligencer" und bestätigte den Rebmann'schen Bericht voll inhaltlich. Der Zunft der Geografen war das letztendlich schon ziemlich egal, man verständigte sich darauf, die beiden Laien zu ignorieren.

1856 war ein gutes Jahr für Cooley; Rebmann und Krapf veröffentlichten eine Karte Ostafrikas. Sie zeigte nicht nur selbst Gesehenes, sondern auch Gehörtes und Erzähltes, war daher dementsprechend merkwürdig. Als besonderes Kuriosum zeigte die Karte im zentralen Afrika einen schmalen See, der sich über 12 Breitengrade (ca. 1.300 km Länge) erstreckte – niemand mochte das glauben. Die Glaubwürdigkeit der beiden Missionare sollte aber im Dezember desselben Jahres noch einen weiteren Dämpfer erhalten. Dr. David Livingstone, berühmter und allseits geachteter Afrikaforscher, war soeben von einem 15-jährigen Afrikaaufenthalt zurückgekehrt und berichtete ebenfalls über weiße Berge, die er im Tal des Sambesi gesehen hatte. Er bekannte öffentlich, dass auch er im ersten Moment an Schnee dachte, doch bei genauerer Überprüfung stellte sich heraus, dass die weiße Farbe durch weiße Felsen „ähnlich Quarz" verursacht wurde.

Livingstone war zwar ebenfalls protestantischer Missionar und auch in dieser Aufgabe in Afrika, nur seine Zielsetzung war eine gänzlich andere als die von Rebmann und Krapf. Er arbeitete fast ausschließlich naturwissenschaftlich, seine Missionierungserfolge waren praktisch gleich Null. Er hatte daher für die beiden reinrassigen und fanatischen Missionare nichts übrig, er konnte sie nicht leiden. Ob er nur deswegen die Geschichte mit den weißen Bergen erzählte oder ob es eine rein objektive Wiedergabe von Tatsachen war, konnte nie festgestellt werden. Jedenfalls schwammen Rebmanns und Krapfens Felle davon, immer größere Kreise taten ihre Berichte als Hirngespinste ab.

Sir Roderick Murchinson, Präsident der „Royal Geographical Society", der auch Cooley angehörte, wollte endgültige Klarheit schaffen und sandte einige Expeditionen nach Afrika, um die Frage „Schnee oder nicht Schnee" zu klären.

Mawenzi von Uhuru-Peak aus gesehen © Mag. Gerhard Hirn

Alle, selbst die des erfahrenen R. F. Burton, scheiterten. Zusätzlich hatten die Massai, die rund um den Kilimanjaro Rinder züchteten, zu dieser Zeit nichts anderes zu tun, als harmlose Reisende zu überfallen und auszurauben. Letztendlich wagte es niemand mehr durch das Gebiet zu ziehen.

Da war aber noch der 27-jährige Baron Claus von der Decken, ein sehr abenteuerlustiger und wissbegieriger Mensch. Nachdem er ein Weilchen in Algerien der Jagd gefrönt hatte, segelte er 1860 nach Sansibar. Er wollte dort Dr. Albrecht Roscher treffen, der im Auftrag Ludwigs I. von Bayern die Inlandseen erforschen sollte. Leider war dieser nahe des Nyassa-/Malawi-Sees ermordet worden. Da der Baron den Disput um den Schnee am Kilimanjaro kannte, dachte er sich wohl „Na, dann lösen wir halt dieses Rätsel".

In Sansibar traf er auch den von Livingstone gefeuerten Richard Thornton, dieser schloss sich ihm an. Gemeinsam erreichte man Mitte Juli 1861 ohne größere Zwischenfälle den Kilimanjaro und verbrachte dort 19 Tage. Thornton war Geologe und der erste ausgebildete Wissenschaftler am Kilimanjaro. In dieser Funktion bestätigte er, gemeinsam mit V. d. Decken auch die Schnee- und Eiskuppe des „Äthiopischen Olymps", die beiden erlebten sogar Schneefall.

Baron v. d. Decken wurde 1864 mit der Goldenen Medaille der „Royal Geographical Society" geehrt, für Thornton kam dieser Termin zu spät, er starb bereits im April 1863 am Sambesi kurz vor seinem 25. Geburtstag an Malaria. Auch Von der Decken konnte sich nicht lange des Ruhmes erfreuen, er wurde im Oktober 1865 im Alter von 33 Jahren in Barbera/heute Somalia erschlagen.

Und was sagte William Desborough Cooley dazu? Er lehnte Schnee wie Eis nach wie vor ab, machte sich über Von der Decken, den er stets als „sportlichen Baron" oder „reisenden Exzentriker" titulierte, lustig und sprach ihm alle Kompetenz ab. Decken war allerdings nicht weniger polemisch und bezeichnete Cooley als obstinat. Cooley verabschiedete sich jetzt allerdings von der roten Farbe des Berges, die Karneol-Theorie erwähnte er nie mehr wieder. Es nutzte ihm alles nichts, er blieb der einzige, der den Schnee am Kilimanjaro ablehnte. Die gesamte Fachwelt akzeptierte nun das Vorhandensein „ewigen" Schnees in Äquatornähe ohne Umschweife. Von der Bezeichnung Kirimanjaro konnte sich Cooley allerdings bis zu seinem Tode nicht lösen.

Der Kilimanjaro jedenfalls rächte sich für die Ablehnung seiner Schnee- bzw. Eiskappe fürchterlich. In fast schon Cooley'scher Manier wurden die nun grundsätzlich anerkannten Gletscher in ihrer Mächtigkeit nämlich weit unterschätzt. So lag auch dem Scheitern des ersten Meyer'schen Versuches, den Kilimanjaro zu besteigen, diese Unterschätzung der Gletscher zu Grunde. Erst aufgrund verbesserter technischer Ausrüstung (Steigeisen, Pickel) konnte Meyer mit Purtscheller bei seinem dritten Versuch die Gletscher bezwingen.

Er schätzte dabei die Dicke der südlichen Gletscher auf 60 bis 70 m, die der nördlichen auf 30 bis 35 m, die längsten Zungen erstreckten sich damals im Süden hinunter bis auf eine Höhe von 5.360 m.

Der Befund geologischer Untersuchungen in Form von Schuttmoränen und den typischen Trogtalformen lassen sogar den eindeutigen Schluss zu, dass die südlichen Gletscher während der erst vor ca. 10.000 Jahren beendeten Würm-Eiszeit bis auf ca. 3.500 m hinunterreichten.

Als Meyer mit Purtscheller 1889 die Erstbesteigung gelang, marschierten sie am Kraterrand durchgehend über bzw. durch so genannte Büßerschneefelder/*Nieve de los Penitentes*, die einer Vereisung mit einer Mächtigkeit von 6 bis 7 m auflagen. Auch der gesamte Krater und dessen abfallende Wände waren mit diesem außergewöhnlichen Phänomen bedeckt, der Abstieg durch eine Rinne im östlichen Gletscherfeld war enorm schwierig, wieder mussten Stufen geschlagen werden, ein Vordringen zum herauslugenden Aschekegel stellte sich als unmöglich heraus.

Die Entstehung von Büßerschneefeldern ist noch nicht gänzlich geklärt. Als Ausgangspunkt wird jedenfalls verdichteter, gefrorener Altschnee – sogenannter Firn – und nicht das Gletschereis selbst angenommen. Im Wechsel von Sonnenschein und nächtlicher Kälte wird die Firnoberfläche brüchig, schmilzt auch teilweise ab. Aus noch immer nicht gänzlich geklärten Gründen geht diese Abschmelzung aber nicht großflächig und einheitlich vor sich, sondern in eng beieinander liegenden, engen und endlos erscheinenden Rillen und Furchen, die messerscharfe Schneiden und Grate bilden. Dazwischen bleiben immer wieder in größerer Anzahl isolierte Spitzen stehen, und zur Erbauung der Bergsteiger ist die gesamte Angelegenheit noch mit gefrorenem, nicht tragfähigen Schnee zugeweht. Mit höchster Wahrscheinlichkeit nimmt auch hier die Abschmelzung von unten ihren Ausgang – dunkler Altfirn speichert mehr Wärme, schmilzt daher schneller als der darüber liegende, hellere Neufirn (Details ☞ weiter unten).

Südliche Gletscherfelder, im Hintergrund Mt. Meru
© Mag. Gerhard Hirn

Das von Meyer beschriebene Büßerschneefeld hatte eine Mächtigkeit von bis zu 2 m. Die Querung eines solchen Phänomens ist nicht nur lebensgefährlich, sondern auch immens kräfteraubend. Heute gibt es kein einziges Büßerschneefeld mehr am Kilimanjaro.

Damals hatte der Kibo also wirklich noch eine Schnee- oder Eiskappe im wahrsten Sinn des Wortes – allseitig geschlossen und von blendendem Weiß. Heutzutage kann man bequem trockenen Fußes, d. h., ohne je einmal seinen Fuß auf Eis zu setzen, den Kraterrand auf schwarzem Grund umrunden.

Der ungeheuerlich anmutende Abschmelzungsprozess begann kurz nach Meyers erfolgreichem Besuch 1889. Bereits bei seiner vierten und letzten Kilimanjaro-Reise 1898 stellte er einen starken Rückzug der Gletscher fest. Im Schnitt, so schrieb er, haben sich die Gletscher um ca. 100 m zurückgezogen. Die dramatischsten Veränderungen jedoch waren im Krater vor sich gegangen – die 1889 zum Abstieg benutzte Rinne war annähernd doppelt so breit geworden, eine weitere hatte sich etwas südlich davon gebildet, die Mächtigkeit des Eismantels hatte sich halbiert, der Kraterboden war mehr oder weniger eisfrei!

Im 1900 erschienen Buch „Der Kilimanjaro – Reisen und Studien" zog er eine Klimaänderung bereits in Betracht und war der Überzeugung, dass der Kraterrand bald gänzlich eisfrei sein und in zwei bis drei Dekaden sich der gesamte Kibo ohne Eismantel zeigen würde.

Ganz so schlimm ist es ja noch nicht, doch die Zeichen stehen auf Abschmelzung. Wenn Sie dieses Kapitel vor Ihrer Besteigung lesen, werden Sie sich währenddessen wundern, wie wenig Eis noch vorhanden ist – seit Meyers Erstbesteigung bis heute haben sich mehr als 80 % der Eismasse aufgelöst. Die vergleichsweise kümmerlichen Reste sind zwar noch immer sehr beeindruckend, könnten sich aber, wenn der Abschmelzungsprozess in dieser Geschwindigkeit weitergeht, in den nächsten ca. 15 bis 20 Jahren gänzlich verflüchtigt haben.

Der heutige Kampf um den „Schnee am Kilimanjaro" wird genauso heftig ausgetragen wie der im 19. Jh. zwischen Cooley, Rebmann, Krapf und Von der Decken, es geht dabei aber um die Ursachen der Abschmelzung.

Neben den Berichten Meyers sind seit 1912 exakte Aufzeichnungen vorhanden, die Tatsache der Abschmelzung ist also unumstritten. Gegen den Rest der Welt nehmen die Professoren der University of Dar es Salaam dafür natürliche Ursachen an.

Tatsächlich waren die letzten ca. 500.000 Jahre für den Kilimanjaro eine stetige Abfolge von totaler Eisfreiheit und totaler Vereisung. Wie geologische Erkenntnisse beweisen, zeichneten dafür nicht nur größere oder kleinere Eruptionen des Vulkans Kibo verantwortlich – ein sicherlich überaus surreales Spektakel, wenn die flüssige Lava über die Gletscher floss und diese auflöste – sondern auch das allgemeine Auf und Ab des weltweiten Klimas während dieser Zeitspanne. So konnte bewiesen werden, dass z. B. die letzte große Vereisung des Kibo ziemlich genau mit der letzten „kleinen Eiszeit" (1400-1700) zusammenfällt.

Seit damals wurde eine allgemeine natürliche Erwärmung registriert, und der rezente Abschmelzungsprozess am Kilimanjaro hat seinen Beginn mit höchster Wahrscheinlichkeit vor ca. 200 Jahren. Ein vordergründig kurioses, nichtsdestotrotz aber eindeutig physikalisches Phänomen verstärkt diesen Prozess, lässt ihn geradezu explodieren. Nicht dort, wo die senkrecht stehende Äquatorsonne aufprallt, schmilzt das Eis besonders schnell. Nein, in beschatteten Bereichen findet die größte Abschmelzung statt. Das blanke, flache Eis reflektiert den größten Teil des Sonnenlichtes, das Eis erwärmt sich nicht, schmilzt daher auch nicht oder nur wenig ab.

Im Schatten gelegenes Eis hingegen absorbiert die warme Luft, erwärmt sich und schmilzt. So schmilzt es langsam vor sich hin, bis der, zumindest im Falle des Kilimanjaro, schwarze Untergrund zu Tage tritt, jetzt beginnt sich der Prozess rapide zu beschleunigen. Der schwarze Boden absorbiert noch mehr

Wärme als das weiße, blaue oder durchsichtige Eis im Schatten, erwärmt sich vergleichsweise schnell und nagt mit seiner Eigenwärme die rundum liegenden Eismassen so lange von unten an, bis ein Teil überhängt und letztendlich abbricht. Automatisch wirft dieser abgebrochene Teil wieder Schatten – das Rad dreht sich weiter und weiter, wird dabei schneller und schneller und endet erst dann, wenn kein Eis mehr vorhanden ist. Das teils äußerst bizarre Erscheinungsbild der noch vorhandenen Eismassen im und am Krater – letzte Überbleibsel der einst durchgängigen Bedeckung – ist Beweis und Zeuge dieses Vorgangs.

Dieser tragische Aspekt des Gletschersterbens am Kilimanjaro wurde 1957 entdeckt und reichte (gemeinsam mit der Theorie der allgemeinen natürlichen Erwärmung) Jahrzehnte als Erklärung für die Abschmelzung aus.

In jüngster Zeit fand allerdings der Glaziologe L. Thompson von der Ohio State University heraus, dass die Abschmelzungsrate aller Gletscher weltweit in den letzten zwei Jahrzehnten rapide angestiegen ist. Für den Kilimanjaro scheint es so zu sein, dass ca. ein Drittel des Gletscherrückgangs in diesem kurzen Zeitraum vor sich ging. Das würde eine Verdoppelung der Abschmelzungsrate bedeuten, die mit natürlichen Ursachen nicht mehr begründet werden kann.

Es müssen daher entweder metaphysische oder ganz simpel weitere, andere Umweltänderungen angenommen werden. Die Wissenschaft einigte sich auf die zweite Möglichkeit und eruierte als Ursache der weltweit beschleunigten Abschmelzung von Gletschern die ebenso weltweit beschleunigte Erwärmung der Lufthülle, hervorgerufen durch einen vermehrten Ausstoß von Treibhausgasen wie z. B. CO_2.

Bis zur letzten Konsequenz durchdacht, bedeutet das, dass bald nur ein kahler Felsbrocken inmitten der tansanisch-kenianischen Steppe stehen könnte. Ob sich dieser Brocken dann noch immer so gut touristisch vermarkten lässt, ob dann noch der Kilimanjaro der größte Devisenbringer des Landes bleiben kann, ist eine andere Frage. Denn, seien wir ehrlich, das Besteigen dieses schneebedeckten, Tag wie Nacht hell leuchtenden Giganten fast am Äquator kommt unserem Streben nach dem richtigen Kick doch sehr entgegen.

Abschließend muss noch gesagt werden, dass die Wald- wie die Moor-Heide-Zone von dieser Entwicklung nicht betroffen sind. Die früher vertretene Meinung, die Bäche und Flüsse dieser Zonen werden durch die Gletscher gespeist, hat sich als nicht länger vertretbar erwiesen. Messungen haben ergeben, dass beide Zonen jährlich bis zu 2.000 mm Niederschlag in Form von Regen erhalten, dagegen erhält die alpine Gipfelregion kümmerliche ca. 125 mm/Jahr in Form von Schnee – viel zu wenig für den Wasserreichtum am Berg.

Assistant Guide Gabriel am Gilman's Point © Mag. Gerhard Hirn

Die Bewohner des Berges

Amtlich wird Tansania zu 100 % von Tansaniern bewohnt, denn die Zugehörigkeit zu einem bestimmten „Stamm" – *kabila* in Swahili – wird bei Volkszählungen schon lange nicht mehr erhoben. Dennoch werden die Bewohner der Hänge des Kilimanjaro in jeglicher Literatur (und sonstiger Praxis) als „Chagga" bezeichnet, sie bezeichnen sich auch selbst als solche. Um das Phänomen Chagga auch nur ansatzweise verstehen zu können, möchte ich dieses Kapitel mit einem kurzen Abriss der Geschichte des Namens Chagga beginnen. Dieser Terminus wird nämlich von Europäern und sonstigen Ausländern generell missverstanden bzw.

missinterpretiert. Das ist nicht verwunderlich, denn dieser Begriff ist ein Paradoxon – abgesehen von den amtlichen Vorgaben ist er nämlich gleichermaßen richtig und falsch.

Sieht man von den im ☞ Kap. „Legenden, Märchen, Sagen" erwähnten Zwergen Wadarimba oder Wakonyingo einmal ab, so gilt als gesichert, dass die Hänge des Kilimanjaro seit ca. 2.000 Jahren besiedelt sind. Wer die ersten Siedler waren, kann aufgrund des allzu geringen archäologischen Fundmateriales (noch) nicht beantwortet werden. Als gesichert kann auch eine Einwanderungswelle vor ca. 250 bis 400 Jahren betrachtet werden. Wer da von wo einwanderte, entzieht sich aber schon wieder der wissenschaftlichen Kenntnis. Sprachvergleiche sowie Vergleiche der oralen Traditionen wie Abstammungsmythen der aktuellen Kilimanjaro-Bewohner lassen aber den eindeutigen Schluss zu, dass es sich um mehrere verschiedene, nicht unmittelbar miteinander verwandte Gruppen gehandelt haben musste. Ob zu diesem Zeitpunkt die ursprünglichen Bewohner des Kilimanjaro hier noch siedelten und wenn ja, ob sie vertrieben wurden oder ob eine Vermischung stattfand, wird wahrscheinlich ewig im Dunkel der Geschichte verschwunden bleiben.

Als Johannes Rebmann mit seinem Missionsauftrag ziemlich erfolglos die Region nordöstlich des Kilimanjaro durchzog, machte ihn sein Führer Keri auf die Landschaft (!) „Chagga" aufmerksam – ein sehr hoher Berg beherrsche diese und es sei sehr kalt dort. Rebmann schwitzte, war durstig und hungrig, also auf ins Land Chagga. Bwana Keri war das Land Chagga sowie der Kilimanjaro schon lange bekannt, immerhin führte er schon seit Jahren Karawanen einheimischer Auftraggeber an diesem einzigartigen Solitär vorbei.

In diesem Zusammenhang möchte ich kurz anmerken, dass die oft für den Kilimanjaro verwendeten Bezeichnungen *Landmark* oder „Orientierungspunkt" nicht ganz der Tatsache entsprach. Es stimmt natürlich, dass praktisch alle Karawanen von und nach Mombasa das Land Chagga aufsuchen mussten. Aber nicht deshalb, weil man sonst vom richtigen Weg abkam, sondern weil man hier seine Lebensmittelvorräte, insbesondere aber die Wasservorräte auffrischen konnte. Da Karawanen nur während der Trockenzeit ziehen konnten, hatte der Kilimanjaro inmitten der riesigen, mehr oder weniger wasserlosen Steppe eher somit die Funktion einer Wasserversorgungsstelle, „Oase" wäre vielleicht ein treffenderer Ausdruck als „Wegmarke".

Chagga-Gehöft „old style" © Mag. Gerhard Hirn

Als Rebmann im Mai 1848 im Lande Chagga ankam, sah er nicht nur als erster Europäer den Kilimanjaro, er nahm auch als erster Europäer Kontakt zu den Bewohnern des Berges auf und teilte uns ihr Vorhandensein schriftlich mit. Zu dieser Zeit waren die Bewohner weder eine einheitliche Gruppe im Sinne von Verwandtschaft noch waren sie einheitlich organisiert. Es handelte sich vielmehr um weit mehr als 100 heftig miteinander rivalisierende Gruppen. Früher wurden sie gerne als Stämme bezeichnet, heute spricht man von Völkern bzw. im konkreten Falle von in Stammesverbänden lebenden Völkern, die abstammungsmäßig nichts miteinander zu tun hatten.

Rebmann beschrieb sie als Ackerbauern, die ihre Felder mit einem ausgesprochen raffinierten Bewässerungssystem vor dem Austrocknen schützten, Vieh in Ställen hielten und, wenn sie nicht gerade Bananenbier brauten, miteinander Krieg führten, hin und wieder Elefanten jagten, aber auch Sklaven fingen. Rebmann und auch Krapf in Folge waren weit davon entfernt, den rein geografischen Begriff Chagga auch auf die Bewohner des Kilimanjaro anzuwenden.

Der erste, der den Begriff Chagga nicht geografisch, sondern fälschlicherweise ethnisch für die Gesamtheit der Bewohner des Kilimanjaro verwendete, war 1886 Sir Harry Hamilton Johnston. Er war ein viel gereister und erstklassiger Afrikaforscher. Sein Werk als Linguist, Geograf und Ethnograf ist bis heute, was Umfang und Belegdichte anbelangt, unübertroffen. Doch beim Phänomen Chagga saß er einem Irrtum auf – höchstwahrscheinlich hervorgerufen durch ausnahmsweise oberflächliches Arbeiten unter Einbeziehung von Gerüchten bzw. Infos aus dritter oder vierter Hand.

Doch wie so oft, blieb es bei dem Ausdruck. Ab diesem Zeitpunkt wurden die Bewohner des Kilimanjaro allgemein in der Literatur als Chagga bezeichnet; die derart Bezeichneten nannten sich selbst aber noch lange nicht Chagga. Eine Einheit, die diesen Überbegriff rechtfertigen konnte, war weit und breit nicht zu erkennen.

Natürlich gab es durch die Jahrhunderte hindurch immer wieder Versuche einzelner lokaler Herrscher, die Oberhoheit über das gesamte Gebiet mit Waffengewalt zu erobern. Der Erste, von dem wir wissen, war Horombo von Keni, einer Region nahe Marangu. Gegen Ende des 18. Jh. gelang es ihm, etwa die Hälfte des damals besiedelten Gebietes am Kilimanjaro zu kontrollieren, und er nannte sich Mangi, Oberster Herrscher, im Englischen meist als *Paramount Chief* bezeichnet.

Nach seinem Tod zerfiel auch sein Reich, andere Mangis kamen und gingen, keiner konnte die Kontrolle über das gesamte Gebiet erringen. Allerdings konnte beobachtet werden, dass die Anzahl der Gruppen schrumpfte. Die Ursachen sind unterschiedlicher Natur: zwangsweise Eingliederung mit Waffengewalt im Kleinen, Schließung von Verträgen und Allianzen, wirtschaftliche Notwendigkeiten usw. Dass sich dabei die verschiedenen Kulturen, Lebensanschauungen usw. gegenseitig durchdrangen, befruchteten und es somit zu einer Kumulierung von Wissen wie z. B. Technologietransfer kam, erscheint natürlich. Grandioser äußerer Ausdruck dieser kulturellen Diffusion sind u. a. das „Mfongo" genannte, hoch entwickelte Bewässerungssystem im Osten und Süden des Berges und das einzigartige, „Kihamba" genannte agrarische System der mehrstöckigen Mischkulturen (☞ „Kihamba und Mfongo").

Dieser kulturelle Anpassungsprozess erfuhr ab ca. 1890, als sich das Deutsche Reich mit militärischer Macht, Gewalt und Brutalität (der erste war Carl Jühlke) auch über den Kilimanjaro hermachte, eine enorme Beschleunigung. Man rückte gegen den gemeinsamen Feind etwas näher zusammen; um die Jahrhundertwende verteilten sich die Bewohner des an Masse größten Berges der Welt (etwa 10.000 km³) nur mehr auf ca. 50 Gruppen.

Ab Übernahme der Oberhoheit am Kilimanjaro durch das Deutsche Reich wurde man nicht durch militärische Erfolge Mangi, sondern per Dekret der Kolonialmacht. Bei der nachfolgenden britischen Besatzungsmacht wurde das nicht anders gehandhabt. Beide Mächte scherten sich dabei keinen Deut um Traditionen, gewachsene Strukturen oder gar vorhandene Machtverhältnisse innerhalb der existierenden Gruppen. Der neue Mangi war ganz einfach dazu eingesetzt, alle Bewohner des Kilimanjaro zu vertreten bzw. die Befehle und Verordnungen der deutschen/britischen Administration durchzuführen, er hatte zu funktionieren, deshalb wurde er auch gut bezahlt. Dass diese Situation zu einer Entfremdung zwischen dem einfachen Volk und den Mangis führte, darf dabei nicht verwundern.

Weil die Basis bald das Vertrauen in die Mangis gänzlich verlor, der Feind in Form der Kolonialmächte aber nach wie vor vorhanden war, mussten andere, neue Organisationsstrukturen gefunden werden, musste noch näher zusammengerückt werden. Neben der

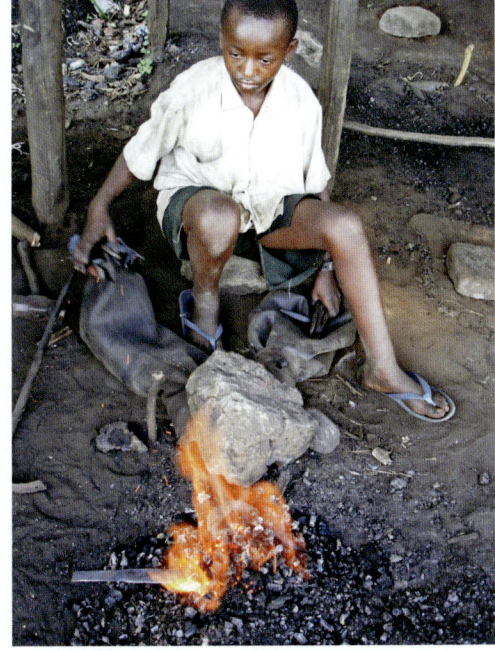

Kommunale Schmiede/Lehrwerkstätte im Ortsteil Mamba, Marangu

ersten und nicht sehr erfolgreichen Massenbewegung am Kilimanjaro, der „Chagga Citizen Union", wurde auch der „Chagga Council" ins Leben gerufen. Ihm gehörten fast alle am Berg lebenden Gruppen an. 1924 wurde die erste agrarische Genossenschaft Afrikas, die „Kilimanjaro Native Cooperative Union/KNCU", gegründet.

Am Tage der Unabhängigkeit Tansanias im Dezember 1961 gab es 15 rivalisierende Gruppen am Berg – eine sehr große, politisch durch den „Chagga Council", wirtschaftlich durch die KNCU vertretene, und 14 unbedeutende. 1962 wurde von „oben" nicht nur der „Chagga Council" abgeschafft, auch die Mangi-Würde wurde ersatzlos gestrichen. Natürlich wagte es niemand, diese Entscheidung der Regierung zu kritisieren oder gar zu opponieren.

Spätestens zu diesem Zeitpunkt hatte sich der Begriff Chagga auch unter den Bewohnern des Kilimanjaro als Selbstbezeichnung durchgesetzt. Es gilt dabei aber anzumerken, dass dieser Begriff nach wie vor nicht ethnisch definiert wird, sondern eine politische Bedeutung hat, obwohl es keine relevante „Chagga-Partei" gibt. Der „Chagga Council" bestand auch nach dem Verbot informell weiter, sogar gestärkt, da sich ihm die restlichen 14 Gruppen auch noch anschlossen. Der Vorsitzende wurde (und wird) gewählt, führte aber nicht mehr – auch nicht informell – den Titel Mangi, zu sehr strapazierten die durch die Kolonialverwaltung eingesetzten Mangis den Überlebenswillen des Volkes.

Dabei ist allerdings auch anzumerken, dass die Vorsitzenden des „Councils" fast durchweg Nachfahren von Mangi Mareale I. von Marangu sind. Dieser „regierte" von 1892 bis 1912 von deutschen Gnaden das Land der Chagga. Sein Promotor war Kapitän Johannes, quasi der Gouverneur der Region bis 1901. Die beiden arbeiteten sehr gut zusammen – jeder profitierte davon. Mit dem Nachfolger Johannes' konnte sich Mareale I. nicht mehr so gut arrangieren und trat 1912 zurück. Sein größter Verdienst war der offensive Ausbau des bis dahin unbedeutenden Marangu (in Kooperation mit Johannes). Marangu entwickelte sich daher bald – auch aufgrund des fantastischen Klimas – zum beliebtesten Freizeitort am Kilimanjaro für die Deutschen. Die Briten zogen hingegen Machame vor.

Heute stellen „die Chaggas" in Tansania die drittgrößte, wenn nicht sogar die zweitgrößte Gruppierung nach den Sukumas dar und stellen 3 % der Gesamtbevölkerung auf ca. 1 % der Gesamtfläche. Sie präsentieren sich als die erfolgreichsten Landwirte des Landes: Baumwolle, Zuckerrohr, Sisal, Sonnenblumen, Bohnen, Mais, Weizen. Alleine Kaffee- und Bananenpflanzungen bedecken ca. 23% des bebaubaren Bodens (3.336 km²).

Bananenbepflanzung mit Yams und Kaffee, Marangu © Mag. Gerhard Hirn

Zeitweilig erzeugten sie bis zu 90 % der landesweiten Kaffee-Ernte. Kaffee war bis vor kurzem mit knapp 50 % der Exporterlöse stärkster Devisenbringer, aktuell sind es knapp 40 %. Ursache? Genereller Preisverfall bei Kaffee, äußerst ungünstige Witterungsbedingungen seit Anfang der 1990er Jahre. „Die Chaggas" verfügen über das höchste Pro-Kopf-Einkommen des Landes (ca. 15 % über dem Durchschnitt) und stellen die an Einfluss und Finanzmitteln reichsten Persönlichkeiten. Viele politische Würdenträger, von Präsidenten und Ministern abwärts, sind mit Chagga-Frauen verheiratet. Ein geflügeltes tansanisches Wort sagt, dass hinter jedem erfolgreichen Tansanier eine Chagga-Frau steht.

Bildung im westlich-europäischen Sinne wird sehr groß geschrieben – knapp ein Fünftel aller *Secondary Schools* sowie mehrere Fachschulen sind im Distrikt Kilimanjaro zu finden. Man geht allgemein davon aus, dass dieser Wissenshunger auf die frühe Missionierung zurückgeht. Da auch die gesamte kommunale Infrastruktur im Distrikt Kilimanjaro die am besten ausgebaute des Landes nach Dar es Salaam ist, könnte man meinen, es herrsche Wohlstand allerorten. Dem ist nicht so, das Gespenst der Armut geht um im Lande Chagga!

Die Ursachen sind vielfältig, eine davon ist die hinsichtlich Einkommen und Landbesitz traditionell bedingte ungleiche Stellung von Mann und Frau. In alten Zeiten erbte üblicherweise der jüngste Sohn Hof, Haus, Stall und das gesamte kultivierte Land. Die anderen Söhne waren gezwungen, neues Land zu roden und zu bebauen. Töchter erbten nichts, sie zogen zu ihrem Mann und teilten dessen Schicksal, vom Landbesitz waren sie generell ausgeschlossen. Dieses System funktionierte, solange es herrenloses Land am Kilimanjaro gab, das ist nun schon längere Zeit her.

In jüngster Zeit ist man daher dazu übergegangen, den Besitz unter allen Söhnen aufzuteilen, Frauen sind nach wie vor vom Landbesitz ausgeschlossen. Dieses nicht den allgemein gültigen tansanischen Gesetzen entsprechende Chagga-Erbgesetz führt zwangsweise zu einer dramatischen Verkleinerung der Flächen und somit des Ertrages. Der Zeitpunkt, zu dem ein Anwesen seine Besitzer und dessen Familie nicht mehr ernähren kann, ist gekommen. Man kann sich auch aus-

Chagga Wohnhaus und Getreidespeicher, Marangu © Mag. Gerhard Hirn

rechnen, wann der Besitz so klein geworden ist, dass er nicht einmal mehr bewohnt werden kann.

Frauen wird zugestanden, Bohnen, Süßkartoffeln und Yams zu pflanzen sowie diese Nahrungsmittel am lokalen Markt zu verkaufen – das bringt nicht allzu viel ein. Unter männlicher Herrschaft liegen hingegen die Kultivierung der äußerst nahrhaften Fingerhirse sowie von Bananen. Lediglich für die Produktion von Mbege/Bananenbier haben die Frauen Zugriff auf Bananen. Besonders krass ist die Ungleichstellung beim Kaffee, die *Cash Crop* schlechthin. Pflanzung, Pflege und Ernte sowie weitere Verarbeitung obliegen den Frauen. Der Verkaufserlös kommt in Form von Schulgeld den Kindern zugute, den Rest streichen die Männer ein. Frauen müssen natürlich weiterhin Brennholz und

Aus Kenya importierte Yams-Art – Chagga: Ifurre

Futter sammeln, Kinder aufziehen, kochen, putzen, waschen usw.

Letztendlich führt diese Situation dazu, dass rund 50 % der Bewohner des Kilimanjaro nicht nur rechtlos, sondern auch erwerbslos sind und dass die anderen rund 50 % immer weniger bzw. jetzt schon zu wenig verdienen. Zusätzlich spielen natürlich auch fallende Weltmarktpreise, Verteuerung von Düngern, Insektiziden usw., schlechte Vermarktung durch die Genossenschaften eine Rolle. Das bedeutet, sie müssen andere Einkommensquellen nutzen. Das in Vergangenheit wie Gegenwart mehr oder weniger auf Subsistenz ausgelegte bzw. kleinbäuerliche Strukturen fördernde Erbrecht ist jedoch äußerst ungeeignet für die Schaffung von Arbeitsplätzen. Die KNCU erkannte dieses Problem bereits vor längerer Zeit und legte (nicht nur aus diesem Grund) im Osten, Westen und nördlich von Moshi Plantagen an, doch das ist weitaus zu wenig.

Auch die Einkünfte aus der Tätigkeit im Tourismus (Träger, Führer, KINAPA-Personal) sind nur ein Tropfen auf den heißen Stein. Außerdem kommen sie fast ausschließlich den Chaggas aus Marangu zugute. Dazu gesellt sich noch der Umstand, dass die landwirtschaftlichen Ressourcen des Kilimanjaro durch Raubbau und Missmanagement in den letzten fünf Jahrzehnten praktisch gänzlich erschöpft sind (Details dazu ☞ „Lebensader Kilimanjaro").

Etwas krass ausgedrückt, gibt es im Stammland heute kein Brenn- und Bauholz und kein kultivierbares Land mehr, kein Futter für die Tiere, kein Geld, keine Arbeitsplätze, dafür aber sehr viele verarmte ältere und perspektivlose jüngere Menschen. Ich möchte hier nur ein äußeres Zeichen herausgreifen, um die Qualität der Zukunftslosigkeit zu demonstrieren: Die Anzahl der Schulabbrecher in den *Secondary Schools* ist im Distrikt Kilimanjaro die weitaus höchste des ganzen Landes.

Tischlerei/kommunale Lehrwerkstätte im Ortsteil Mamba, Marangu

Ein Mitglied der Planungskommission des Amtes des Regional Commissioner meinte zur aktuellen Situation lapidar „.... Die Magd der Arbeitslosigkeit ist die Kriminalität. Sie erschüttert die Dörfer und Städte der Region. Die momentane Lage schreckt Investoren ab ..."

Eine Änderung der Lage ist nicht in Sicht. Wie die ersten freien, demokratischen Wahlen 1995 zeigten, muss sogar noch mit einer rapiden wirtschaftlichen Verschlechterung der Lebensumstände gerechnet werden.

Wie wir gesehen haben, sind die Bewohner des Kilimanjaro, des Landes Chagga, im Laufe der Jahrhunderte so weit zusammengerückt, dass wahrhaftig von einer homogenen Gruppe gesprochen werden konnte – „die Chaggas" waren Realität geworden. Eine kraftvolle Vertretung nach außen (Council, KNCU) nahm erfolgreich den Kampf gegen die „Feinde" auf. Dazu zählte mehr oder weniger auch die neue Regierung, die immer wieder die Traditionen beschneiden oder zumindest einengen wollte. So wurde z. B. die ausgesprochen erfolgreich agierende KNCU 1976 verboten und durch eine staatliche Genossenschaft ersetzt. Bereits 1984 erstand die KNCU jedoch wieder wie der Phönix aus der Asche, erfolgreicher als je zuvor.

Die Jahre hindurch wurden die Belange der Chaggas durch zumindest einen direkten Vertreter vom Berg im tansanischen Parlament vertreten bzw. verteidigt. Die Wahl von 1995 war in erster Linie landesweit durch das Fernbleiben der ärmeren Schichten gekennzeichnet, man zeigte sich völlig desinteressiert. In der Region Kilimanjaro ließen sich lediglich 82 % der erwarteten Anzahl von Wählern zur Wahl registrieren. Es ist das schlechteste Ergebnis Tansanias, der Durchschnitt lag bei 97 %.

Das Wahlergebnis in dieser Region war für die Bewohner katastrophal. Nach Auszählung der Stimmen zeigte sich nämlich, dass erstmals kein einziger Chagga genügend Stimmen für einen Parlamentssitz erringen konnte. Genauere Analysen zeigten ein Wahlverhalten, dass sich klar und deutlich nach Clanzugehörigkeit orientierte, aktuell kann man ca. 400 Clans annehmen. Allgemein wird dieses Wahlergebnis als drohende Gefahr für die Chaggas und als Hinweis auf ein Auseinanderbrechen der doch sehr jungen Homogenität interpretiert, das wiederum zu einer weiteren politischen und somit auch wirtschaftlichen Schwächung führen kann.

Als bergwandernder Tourist könnte Ihnen das alles ziemlich gleichgültig sein, doch spätestens nach Abschluss des Erlebnisses Kilimanjaro beim Aushandeln des Trinkgeldes werden sie in das Geschehen einbezogen. Durch die hier erfolgte Darstellung der gesellschaftspolitischen Hintergründe werden diese Verhandlungen zwar nicht leichter und das Ergebnis auch nicht geringer, aber vielleicht fällt Ihnen durch das erweiterte Verständnis der Abschied vom Geld etwas leichter – und, seien wir mal ehrlich, der Betrag ist ja nicht wirklich hoch.

Lebensader Kilimanjaro

Tourismus

Die Definition eines Berges hängt vom persönlichen Verhältnis zu ihm ab. Für uns Touristen und Bergwanderer ist der höchste Berg Afrikas eine sportliche Herausforderung, ein großartiges Naturerlebnis, ein Werkzeug zur Überwindung des inneren Schweinehundes oder zur Erhöhung des eigenen Status usw.

Für andere wiederum ist es ein x-beliebiger Berg, für manche ist dieser mit einem Volumen von 10.000 km³ an Masse größte Berg der Welt lediglich eine riesige Ansammlung von Gestein und somit nur ein Hindernis. Für die Bewohner der Region Kilimanjaro ist er dies alles zusammen und noch viel mehr – er stellt für sie die Lebensgrundlage. Dass dabei der erste Gedanke eines durchschnittlichen Europäers dem Tourismus gilt, ist verständlich und naheliegend. Dieser Gedanke schrammt jedoch weit an der Wahrheit vorbei!

Die direkte Einnahmen (Eintritts-, Übernachtungsgebühren usw.) vom Nationalpark-Management KINAPA müssen an die *Tanzania National Park Authority TANAPA* abgeliefert werden, kommen dort mit den Einnahmen der anderen Nationalparks in einen gemeinsamen Topf und werden dann an die verschiedenen Nationalparks gestaffelt nach Größe wieder ausgegeben. Da der Kilimanjaro NP zu den kleineren Parks zählt, bekommt er auch relativ wenig zurück, für die Region sind diese Einnahmen überhaupt bedeutungslos. Bleiben noch die steuerzahlenden Tour Operator, Hotelbetriebe, Restaurants usw.

Etwa 80 % der weit über 200 *Tour Operators* sind in Arusha angesiedelt. Diese Institutionen zahlen zwar Steuern und Abgaben, doch sie fließen vorerst nach Dar es Salaam in den großen, leeren Topf des Finanzministers, in die Region fließt dabei nicht viel zurück. Für ausländische Investoren gelten sowieso Sonderregelungen, da bleibt oft überhaupt nichts im Land.

Die meisten Eigentümer dieser Betriebe leben entweder im Ausland (Kenia, GB, USA, Japan) oder in Dar es Salaam, der Profit wandert somit auch dorthin ab. Lediglich Grundnahrungsmittel für die Versorgung von Touristen werden in der Region direkt eingekauft, alles andere kommt aus Nairobi oder gar aus Europa.

Die Zahl der Mitarbeiter in diesen Betrieben ist relativ gering und die Bezahlung unter jeder Kritik, bei einer Arbeitslosenrate von ca. 40 bis 50 % lediglich ein Tropfen auf den heißen Stein. Dabei ist auch anzumerken, dass die Stadt Arusha nicht in der Region Kilimanjaro liegt, sondern in der Region Arusha.

Im Souvenir-Shop von Marangu

Die Anzahl der in der Region Kilimanjaro beheimateten *Tour Operator*, Hotels usw. ist marginal – lediglich Moshi und Marangu bieten solche Institutionen. Wer verdient noch am Tourismus? Etwa 10.000 bis 15.000 Träger, ca. 3.000 *Guides* und ca. 200 NP-Angestellte in der Verwaltung oder als Ranger. Genau betrachtet sind es lediglich die Einnahmen dieser durchweg schlecht bezahlten Personen, die komplett in der Region Kilimanjaro verbleiben.

Der Tourismus am Kilimanjaro verhilft zwar einer ganzen Reihe von Menschen zu einem teils sogar sehr stattlichen Einkommen, weiterhin bringt er dem tansanischen Staat große Mengen an Devisen und Abgaben, doch der Region selbst bleibt dabei nur ein Bruchteil. Dennoch ist die Region Kilimanjaro eine der reichsten, wenn nicht sogar die reichste des Landes.

Landwirtschaft

Die wirtschaftliche Funktion des Kilimanjaro liegt nicht im imposanten Erscheinungsbild, der Höhe und der relativ einfachen Besteigbarkeit begründet, sondern in einer Kombination von äußerst fruchtbaren Böden und fantastischen klimatischen Bedingungen. Potenziert werden diese Faktoren noch durch die natürliche Vegetation, und insgesamt bilden diese Phänomene die natürliche Grundlage für die produktivste agrarische Gegend ganz Tansanias.

▷   Böden vulkanischen Ursprungs sind grundsätzlich äußerst fruchtbar.

▷   Die vorherrschenden Windsysteme bringen das ganze Jahr über Wolken heran, die durch die Mächtigkeit des Berges gestoppt werden und abregnen.

▷   Die natürliche Vegetation wirkt dabei als Wasserspeicher höchster Qualität, Windbrecher (zum Schutz der Böden), Lieferant von Grundmaterial für Humus (Blätter, abgestorbene Bäume usw.) und Schutz vor Überschwemmungen nach besonders heftigen Regenfällen. Der Regenwald verringert auch die Verdunstungsrate von Wasser bei hohen Temperaturen und wirkt temperaturregulierend und -senkend.

Diese natürlichen Voraussetzungen für eine hoch produktive Landwirtschaft wurden vor einigen Jahrhunderten von „den Chaggas" (☞ „Die Bewohner des Kilimanjaro"), die ihre Wanderung hier stoppten und blieben, klar und deutlich erkannt. Was darauf folgte, zählte zu den weltweit spektakulärsten landwirtschaftlichen „Erfindungen" seit Grabstock, Axt und Sichel. Denn so ohne Weiteres ließ sich der Kilimanjaro seine Schätze natürlich nicht entlocken, sie mussten durch äußerst mühselige und harte Arbeit erkämpft werden – das Kihamba genannte Ergebnis lässt sich aber sehen (☞ „Kihamba und Mfongo")

Auf die oben skizzierte Art ernährt der Berg alle Menschen der Region Kilimanjaro – laut Zensus 2012 ca. 1,6 Mio – sowie sehr viele in der benachbarten Region Arusha. Die Region Kilimanjaro umfasst ca. 13.000 km² (ca. 1,4 % der Landesfläche) und wird aus den Distrikten Hai, Moshi Urban/Moshi-Stadt, Moshi Rural/Moshi-Land, Mwanga, Same und Rombo gebildet. Direkt an den Berg grenzen Hai im Westen (1.482 km²), Moshi Rural im Süden (1.558 km²) sowie Rombo im Osten (2.269 km²).

Felder in Marangu © Mag. Gerhard Hirn

Die nicht direkt angrenzenden, südöstlich des Berges gelegenen Distrikte Mwanga und Same profitieren vom Kilimanjaro in Form des Pangani-Rivers, der die Grenze zwischen den Regionen Kilimanjaro und Arusha bildet. Es ist ein trockenes, arides Land, das auf der Arusha-Seite von Massai durchzogen wird und auf der Kilimanjaro-Seite Ackerbauern, die Mais und Hülsenfrüchte anbauen, beherbergt. Der Pangani-River führt ganzjährig Wasser und wird in erster Linie vom Kilimanjaro gespeist. Der Zufluss vom Mt. Meru ist marginal.

Sollte der Pangani-River jemals über einen längeren Zeitraum trockenfallen, d. h., sollte jemals der Wassernachschub vom Kilimanjaro ausbleiben, dann wäre es hier mit der Landwirtschaft vorbei und auch die Massai der Arusha-Region müssten sich nach einer anderen Wasserstelle für ihre Rinder umsehen, die es aber weit und breit nicht gibt.

Die durchschnittliche Bevölkerungsdichte Tansanias beträgt 50 Ew./km², die durchschnittliche Bevölkerungsdichte der Region Kilimanjaro: 123 Ew./km², in den Distrikten Mwanga und Same wohnen trotz nicht gerade idealer landwirtschaftlicher Bedingungen bis zu 72 Ew./km², weitaus die meisten davon entlang des Pangani (viele auch entlang der Hauptverkehrsverbindung Dar es Salaam-Moshi-Arusha).

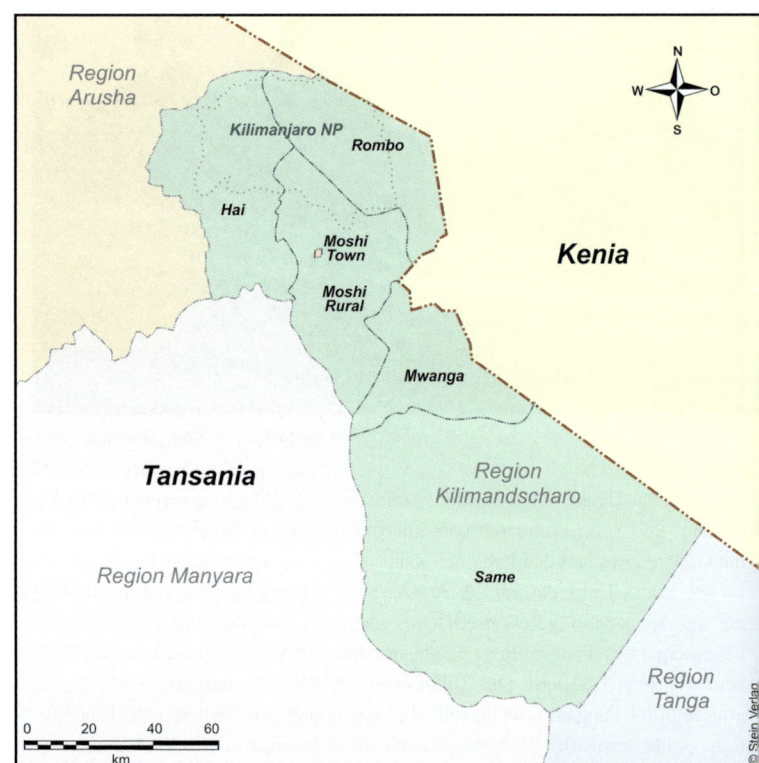

Diese beiden Distrikte liegen 100 bis knapp 200 km vom Kilimanjaro entfernt, die Abhängigkeit vom Berg oder, besser gesagt, die Auswirkungen dieser Abhängigkeit sind noch nicht so augenfällig. Je näher man aber dem Berg kommt, umso dichter ist das Land besiedelt: Hai 233 Ew./km², Rombo 177 Ew./km² und Moshi Rural weist mit 359 Ew./km² die größte Einwohnerdichte aller ländlichen Regionen Tansanias auf.

Zieht man von der Gesamtfläche der drei direkt an den Berg grenzenden Distrikte die Flächen ab, die nicht besiedelt werden können oder dürfen – Forest Reserve, Nationalpark, Plantagen, insgesamt 2.126 km² – so ergibt sich eine durchschnittliche Bevölkerungsdichte an den südlichen und östlichen Hängen des Kilimanjaro von 600 Ew./km². Diese Menschenmassen verteilen sich naturgemäß nicht gleichmäßig über die gesamte Fläche. Zwischen den Höhenlinien 1.100 bis 1.800 m drängen sich teilweise weit über 1.000 Menschen auf einem Quadratkilometer.

Zum Vergleich: Die durchschnittliche Dichte in Deutschland beträgt 228 Ew./km². Noch ein Vergleich: 1934 betrug die Population an den Hängen des Kilimanjaro bis zu 160.000 Personen, im Gegensatz zu knapp 1 Mio. heute. Diese riesige Menschenmasse bedeutet nicht nur für die Bewohner selbst Stress und Konflikt, sondern auch für den Berg.

„Die Chaggas" lebten durch die Jahrhunderte in Frieden und Einvernehmen mit dem Berg, kein Wölkchen trübte die Idylle. Zwei Ereignisse brachten diese Ordnung jedoch gehörig durcheinander und führten zur aktuellen problematischen Situation. 1885 brachten Missionare die ersten Kaffeebohnen (*Coffea arabica*) mit. Es stellte sich schnell heraus, dass sich Kaffee hervorragend in das geübte Kihamba-System integrieren ließ, hervorragend gedieh und vor allem in höheren Lagen von ca. 1.100 bis 1.800 m eine unvergleichlich hohe Qualität erzielte. Da Kaffee damals auch exorbitant hohe Erlöse erzielte, war der Anbau als Exportgut/sog. *Cash Crop* nahe liegend.

Bereits 1925 standen ca. 1 Mio Kaffeesträucher in den Heimgärten „der Chaggas", gediehen prächtig und die Einkommen der Landwirte stiegen und stiegen. Mit einem Wort: die Prosperität der Region war anscheinend grenzenlos, das Füllhorn des Kilimanjaro unerschöpflich. In Folge des wirtschaftlichen Aufschwunges verbesserten sich auch Bildung und gesundheitliche Wohlfahrt. Dieses wiederum manifestierte sich in verbesserten Lebensbedingungen, die Lebenserwartung stieg, die Säuglings- und Kindersterblichkeit fiel – das Land Chagga war mehr oder weniger zum tansanischen Paradies avanciert. Das sprach sich im ganzen Land herum, und aus allen Regionen Tansanias zogen Menschen herbei. Ziemlich unbemerkt wurde dieses Paradies aber fortlaufend eingeengt. Exemplarisch für diese Einengung und auch für die zugegebenermaßen möglicherweise nur zeitweilige Überwindung derselben ist die Story vom *Half Mile Forestry Strip*.

Half Mile Forestry Strip

Bereits die deutsche Kolonialverwaltung erließ 1904 eine „Waldschutzverordnung", deren Umsetzung 1908 in Angriff genommen wurde. Die dahinter liegenden Ambitionen waren allerdings weniger schützender Art sondern jagdlicher Natur. Man ließ sich das wertvolle Wild – Elefanten, Büffel, Elen-Antilopen, Raubkatzen usw. gab es damals noch reichlich – doch nicht von den Einheimischen verjagen, wo doch europäische und amerikanische Großwildjäger ein mittleres Vermögen für deren Abschuss zahlten. Um Bäume, Sträucher und Gras scherte man sich eigentlich weniger.

Einige Jahre später erkannten die neuen Kolonialherren (die Briten) zumindest ansatzweise die enorm wichtige Funktion des Waldes als Wasserspeicher und hoben 1921 das „Kilimanjaro Forest Reserve" ab der 1.800 m-Linie aus der Taufe. Diese Maßnahme bekamen die Bewohner unmittelbar zu spüren, denn ab sofort war es verboten, dem Wald irgendwelche lebenden oder toten Bestandteile zu entnehmen! Wer das wollte oder musste, der hatte um eine kostenpflichtige Lizenz anzusuchen, die nur in sehr geringem Umfang ausgestellt wurde.

Auf der anderen Seite, also im Tiefland unterhalb der 700-m-Linie, hatten sich mittlerweile weiße Siedler mit groß angelegten Maisplantagen breitgemacht. Von dort konnte man die bitter benötigten Waldprodukte also auch nicht mehr holen. Schon zu Beginn der 30er-Jahre des vorigen Jahrhunderts fehlte es allerorten an Bauholz, sonstigem Baumaterial, wie Sand, Steine, Brennholz, Futter für das Vieh, Honig, Medizin, Tannin usw.

Schon bald wurde die Lage derart prekär, dass auch die britische Verwaltung ab 1935 nicht mehr darüber hinwegsehen konnte. Man übte sich in der Kunst des Dialogs und erfand das *Black Wattle Scheme*: „Die Chaggas" sollten auf ihren Feldern eine schnell wachsende australische Akazienart anpflanzen, nämlich *Acacia mearnsii* resp. *Rocosperma mearnsii*, einen Baum, der so ziemlich alle Ansprüche erfüllt und heutzutage afrikaweit vertreten ist. Gegen Ende der 30er-Jahre waren bereits 87 ha mit dieser Baumart bepflanzt.

Genauso schnell wie die Pflanzungen vor sich gingen, stellte sich aber auch heraus, dass diese Aktion nur Kummer brachte. Diese Baumart harmonierte mit dem vorhandenen Kihamba-System in keiner Weise, eher das Gegenteil, sie wucherte einem riesenhaften Unkraut gleich und entzog allen anderen Nutzpflanzen Nährstoffe und Wasser. Abgesehen davon hätte man die gesamte agrarisch genutzte Fläche damit bepflanzen müssen, um die Bedürfnisse der Einwohner nach Brenn- und Bauholz zu befriedigen.

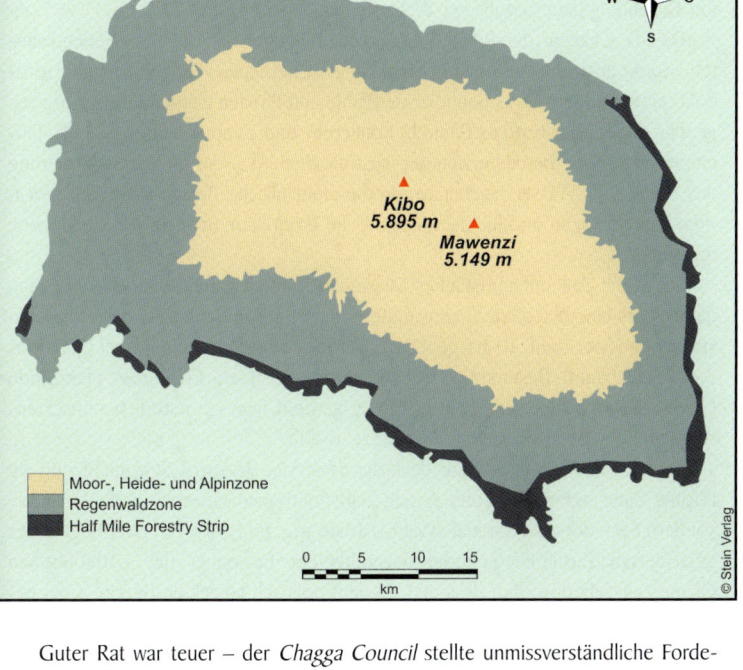

Kibo
5.895 m

Mawenzi
5.149 m

Moor-, Heide- und Alpinzone
Regenwaldzone
Half Mile Forestry Strip

0   5   10   15
km

© Stein Verlag

Guter Rat war teuer – der *Chagga Council* stellte unmissverständliche Forderungen nach Zugang zum Regenwald. Erst im August 1941 einigte man sich auf den *Chagga Local Authority Strip*, einen Streifen Waldes unterschiedlicher Breite an der östlichen und südlichen Seite des Kilimanjaro vom Kilelwa River im Nordosten bis zum Sanya River im Westen, der zur freien Nutzung durch „die Chaggas" aus dem *Forest Reserve* ausgeklammert wurde. Die Gesamtfläche betrug knapp 88 km². Davon allerdings große aufgrund der Steilheit nicht nutzbare Flächen. Die durchschnittliche Breite von einer halben Meile (also 800 m) gab bald dem *Chagga Strip* den heute noch gebräuchlichen Namen *Half Mile Forestry Strip (HMFS)*.

Der damalige Originalbestand dieses Streifens war in äußerst desolatem Zustand und musste aufgeforstet werden, das Management übernahm der *Chagga Council*. Bis 1945 waren 380 ha aufgeforstet, bis 1962 ca. 450 ha (4,5 km²). Die Arbeiten wurden freiwillig von der Gemeinschaft verrichtet, und die Nutzung war steuerpflichtig. Der Betrag war allerdings vergleichsweise gering und diente der Bezahlung hauptberuflicher Waldarbeiter.

Da „die Chagga" den Regenwald und seine Bedürfnisse wie ihre eigenen kannten, wurde auch die Aufforstung fachmännisch betrieben: Für die Brennholzproduktion und für leichteres Bauholz wie Pfähle und Pfosten wurden Eukalyptusarten gepflanzt, für hochwertiges Bauholz Koniferen- und Zypressenarten, für die Tanninproduktion die bereits erwähnten australischen Akazien, für die Stabilisierung des Bodens als Wasserspeicher wurde die einheimische Baumart *Pygeum africanum* herangezogen und für die medizinische Produktion in Form des Chinin eine Rapanea-Art.

Die frühe Ankunft christlicher Missionare und deren Erfolge erkannte man daran, dass eine den Zedern verwandte Baumart nur und ausschließlich für einen kultischen Zweck auf 30 ha gepflanzt wurde – *Widdringtonia whytei* diente als Weihnachtsbaum. Bestimmte Flächen wurden auch an *Pyrethrum* pflanzende Landwirte verpachtet – aus dieser Blume gewinnt man ein natürliches Insektenschutzmittel, das als Repellent eingesetzt wird.

Es muss anerkannt werden, dass der *Half Mile Forestry Strip* nicht nur die Lösung einer agrarischen und gesellschaftspolitischen Notwendigkeit darstellte, sondern auch der erste „soziale Wald" Afrikas war. Im HMFS kann der Beginn des gesteigerten Zusammengehörigkeitsgefühls der Bewohner des „Äthiopischen Olymps" gesehen werden, was erst zu dem politisch korrekten Begriff „Chagga" führte (☞ „Die Bewohner des Berges").

Das Management funktionierte prächtig, im Wirtschaftsjahr 1959 erbrachte der HMFS einen Überschuss von über £ 5.000 – ein Vermögen, das der Gemeinschaft zugutekam. In erster Linie resultierte dieser Betrag aus der Benutzungssteuer und den Pachterträgen, es durften aber auch kleinere Mengen an Waldprodukten am freien Markt verkauft werden.

Kurz nach der Unabhängigkeit Tansanias, 1962, wurde von Amts wegen das Management des HMFS einer Untereinheit der Alleinregierung, dem *Kilimanjaro District Council*, übertragen. Dieses bis 1972 existierende Administrationsorgan

Monjo-River

hatte von Waldmanagement keine Ahnung und nutzte den HMFS in erster Linie als *Cash Cow* – Bäume fällen, verkaufen, Profit einstreichen, erledigt. Die Bewohner und Kenner des Berges hatten dabei nichts zu sagen, und der Profit kam der Region nicht zugute. Da auch den beamteten Managern irgendwann auffiel, dass man Bäume nicht endlos fällen und verkaufen kann, wurden auch auf Druck „der Chaggas" in der Endphase wieder Bäume gepflanzt, in erster Linie Zypressen für Bauholz und diverse Akazienarten für die Tanninproduktion. Bis zur Auflösung des *Kilimanjaro District Councils* 1972 waren es insgesamt nur 116 ha – eine Lächerlichkeit angesichts der enormen gerodeten Flächen.

Nach 1972 übernahm die Zentralregierung in Dar es Salaam die Kontrolle über den HMFS und gliederte ihn in das *South Kilimanjaro Catchment Project* ein. Ziel dieses Projektes war die Sicherung der Wasser- und Bodenspeicherfähigkeit des Waldes. Die Bedürfnisse „der Chaggas" wurden wieder vergessen und der HMFS wieder nur als Holzlieferant genutzt, „den Chaggas" wurde jedwede Nutzung des HMFS verboten. Dafür wurden sie aber mehr oder weniger gezwungen, ohne Entgelt arbeiten im Wald wie Pflanzung, Ausdünnung, Feuerbekämpfung oder Markierungsarbeiten zu verrichten. Man muss nicht extra betonen, dass diese Situation für die Bewohner nicht gerade ideal war und dass dieser gesellschaftspolitische Rückschritt dazu führte, dass man sich gezwungen sah, den Wald wieder illegal zu nutzen. Die Aufforstungsrate in der Zeit des *South Kilimanjaro Catchment Projects* ist nicht nennenswert, einziger Vorteil für den Kilimanjaro war seine Statuserhöhung zu einem Nationalpark im Jahr 1973 ab der 2.700-m-Linie.

1987 wurde das Management des HMFS in die Hände der neu geschaffenen Distrikte Hai, Rombo und Moshi Rural gelegt, also die direkt an den Hängen des Kilimanjaro gelegenen bzw. direkt angrenzenden Distrikte. Eine der Ursachen für diesen Transfer war die Erkenntnis der Zentralregierung, dass der Aspekt „sozialer Wald" unter ihrer Führung nicht mehr gegeben war und dass die grundsätzlich sehr gute Idee wieder forciert werden sollte.

Der Schwerpunkt im Management wurde in Folge auf die Aufforstung ertragreicher Sorten sowie die Wasser-Speicherkapazität des Waldes gelegt. „Den Chaggas" wurde wieder erlaubt, Waldprodukte, gegen Entgelt, zu nutzen. Insgesamt wurden bis 1990 nur 129 ha ausschließlich mit Zedern (Cupressus lusitanica) aufgeforstet. Dieser Baum liefert hochwertiges Bauholz, das am freien Markt von den *District Councils* verkauft wird, auch der Profit kommt den *Councils* zugute. Wahrscheinlich aber nicht mehr lange, denn die Schlagungsrate übersteigt die Pflanzungsrate bei weitem. Die Komponente „Schutz des Wasserspeichers" wurde allerdings gröblichst vernachlässigt. Seit den beginnenden 60er-Jahren des 20. Jh. hat sich praktisch nichts geändert. Alle Beteiligten wissen, dass der Baumbestand zurückgeht, dass die Lebensader Kilimanjaro mehr und mehr schwindet. Die einen schieben die Verantwortung – die Schuld – auf die anderen und umgekehrt. Dazwischen agieren die Ranger und „spielen" Halbblinde: Sie „übersehen" zumindest jeden Zweiten/jede Zweite, der/die illegal im Wald herumkreucht und Holz schlägt oder Gras schneidet. Aber Undank ist der Welten Lohn – die ansässigen Chaggas verfluchen die Ranger genauso wie die Regierung in Person der KINAPA wie TANAPA. Irgendwie und irgendwann wird sich dieses Herumgezanke noch sträflich rächen.

Konsequenzen

1988 wurden die Bewohner des Kilimanjaro vom *College of African Wildlife* über ihr persönliches Verhältnis zum Kilimanjaro National Park und Kilimanjaro Forest

Reserve befragt. Die Ergebnisse waren erstaunlich. Obwohl bereits damals Land- und Holznot herrschte, obwohl geschützte Tiere (vor allem Affen und Vögel) immer wieder über Saat und Ernte herfielen und Raubtiere sich vereinzelt am Vieh vergriffen und obwohl auch damals schon Futtermangel herrschte, waren nur knapp 16 % der Befragten Gegner der Schutzgebiete. 66 % davon argumentierten mit Land- und 28 % mit Holzknappheit. 84 % der Befragten hatten ein positives Verhältnis zu den Schutzgebieten.

Der Grund für diese Einstellung war für mehr als die Hälfte der Schutz des Wassers am Berg, im Gegensatz dazu begründeten lediglich 2,5 % ihre Einstellung mit der Möglichkeit eines Arbeitsplatzes in den Schutzgebieten. Dennoch wurde bereits damals der Wald- und Moor/Heidezone Brenn- und Bauholz, sonstiges Baumaterial (Steine, Sand aus Flüssen und Bächen), wilder Honig (dazu werden Bäume gefällt oder abgebrannt), Arzneipflanzen für Mensch, Vieh und Nutzpflanzen, Gras für die Haustiere (Stallhaltung) usw. illegal in großen Mengen (teilweise auch gewerblich) entnommen. Weiterhin wurde Brandrodung durchgeführt, um freie Fläche für die Grasproduktion zu erhalten (Viehfutter), und es wurden auch Wildtiere getötet (Eigenbedarf oder zum Schutz der Haustiere). Die genannten Aktivitäten waren seit den beginnenden 60er-Jahren in verstärktem Ausmaß zu beobachten und sind in den letzten 10 bis 15 Jahren enorm angestiegen.

Wird das Wasser von Flussläufen seiner natürlichen Barrieren, wie Steine und Felsbrocken beraubt, schießt und stürzt es während der Regenzeit wesentlich wilder und schneller zu Tal. Ist die stabilisierende Ufervegetation gestört oder nicht mehr vorhanden (Brandrodung für Grasanbau), wird dabei das Erdreich der Ufer mitgerissen. Dadurch verbreitert sich der Fluss und erhält eine größere Oberfläche. Während der Trockenzeit sinkt als Folge auch noch der Wasserstand, und gemeinsam mit der vergrößerten Oberfläche kommt es zu einer erhöhten Verdunstungsrate. Auf diese Art und Weise führen mindestens zwölf ehemals ganzjährige Flüsse und Bäche heutzutage nur saisonal Wasser.

Dass dabei auch die Bewässerungsanlagen der Chaggas (☞ „Kihamba und Mfongo") langsam trocken zu laufen beginnen, ist logisch. In weiterer Folge trocknet das Erdreich der Felder und des Waldes aus und wird vom Wind fortgeblasen. Während der großen Regenzeit können die riesigen Regenfluten nicht mehr gepuffert werden und stürzen ungebremst von den höheren Zonen in die Ebene.

Zwischendurch überfluten und zerzausen sie aufs neue die Landwirtschaft und den Regenwald. 1988 waren Überflutungen für die Landwirte noch kein

ernstes Problem, heute zittern dieselben Bauern vor jeder dunklen Wolke am Himmel. Sollte das Schicksal der Saisonalität noch weiteren Flüssen und Bächen widerfahren, wird infolgedessen auch der eingangs erwähnte Pangani-River austrocknen.

Man könnte diese Liste von ökologisch bedenklichen Auswirkungen noch lange fortsetzen – so ist beispielsweise auch der Rückgang des Tierbestandes auf nahezu Null auf menschliche Aktivitäten zurückzu-

Kilasiya-Wasserfall © Mag. Gerhard Hirn

führen. Größere Säuger, wie Elefanten, Antilopen und Leoparden, sind vom Berg sowieso schon seit den späten 1960er-Jahren gänzlich vertrieben.

Aber Sie sollen den Kilimanjaro genießen und sich nicht über erschreckende und weit reichende Störungen dieses äußerst fragilen Ökosystems den Kopf zerbrechen. Denn noch kann man als Tourist durch eine (scheinbar) ungestörte Natur wandern, und die Nationalparkverwaltung (KINAPA/TANAPA) setzt alles daran, den ausländischen Besuchern einen Olymp im wahrsten Sinn des Wortes zu präsentieren. Doch wenn es um die hohe Politik geht, sind auch ihr die Hände gebunden.

Im 1993 von der TANAPA festgelegten *Kilimanjaro National Park General Management Plan* (ausgearbeitet zur Sanierung des Kilimanjaro) wurde der dringende Vorschlag unterbreitet, der *Local Community* die Kontrolle über den HMFS wieder zurückzugeben. Die bergbewohnenden Menschen sollten wieder, auch zum Schutz des Wasserspeichers, aus diesem Areal ihre waldabhängigen Bedürfnisse decken können und dürfen. Bis heute wurde mit den *District Councils* und der Regierung keine Einigung erzielt.

Die Not der Chaggas wächst aber weiter, der erzwungene bzw. lebenserhaltende Raubbau am Regenwald des Kilimanjaro könnte über kurz oder lang zu einem doppelten Desaster führen.

▷ „Die Chaggas" verarmen völlig, was zu Abwanderung, Entwurzelung und/oder Kriminalität führen kann. Nicht nur die aktuelle Situation in Moshi (auch in Arusha) lässt auf den bereits erfolgten Beginn dieser Periode schließen.

▷ Wird nicht wirklich schnell eine soziale, wirtschaftliche und ökologische Problemlösung gefunden bzw. eine Einigung zwischen den verschiedenen Parteien erreicht, so ist der Regenwald des Kilimanjaro mehr als gefährdet. Nicht nur den Tourismussektor würde es äußerst hart treffen – wer wandert schon gerne sechs Tage durch eine öde Steinwüste – wenn die Lebensader einer ganzen Region stirbt. Rund 2 Millionen Menschen würden dann mehr oder weniger vor dem Nichts stehen.

Wieder Marangu 2001/2002

Durch die im Zuge der wirtschaftlichen Liberalisierung des Landes verstärkte Tourismuswerbung im In- und Ausland entwickelte sich der Kilimanjaro innerhalb kürzester Zeit zu einem der bekanntesten, berühmtesten und begehrtesten Berge der Welt. Der Verkaufserfolg meines OutdoorHandbuchs „Tansania: Kilimanjaro" war gut und die Arbeiten für die 3. Auflage standen an. Das traf sich insofern bestens, da ich sowieso den Winter 2000/2001 in Tansania verbringen wollte. Die Besteigung des Kilimanjaro setzte ich wieder aus den im Kapitel ☞ „Vier Routen en Suite" dargestellten Gründen an den Schluss meines Aufenthalts an.

Eine Bekannte schloss sich mir an, sie war das erste Mal in Afrika. Wir besuchten den überaus schönen und ereignisreichen Ruaha NP, fuhren dann von Iringa nordwärts nach Dodoma – eine sehr empfehlenswerte Stadt übrigens.

Unser eigentliches Etappenziel aber waren die Felszeichnungen von Kolo, knapp 200 km weiter nördlich von Dodoma. Von den insgesamt ca. 200 Stätten sind 14 für die Öffentlichkeit zugänglich. Ich wollte sie alle sehen – das bedeutete weite bis sehr weite, tagelange Fußmärsche, größtenteils bergauf und bergab. Ein schönes Training für den „Äthiopischen Olymp".

Meine Bekannte machte am achten Tag schlapp. Wir fuhren daher über Morogoro zurück nach Dar es Salaam und verbrachten ihre letzten Urlaubstage in Sansibar. Ich zog dann über Bagamoyo, Pangani und Tanga weiter Richtung Norden, besuchte die Usambara-Berge und wanderte hier noch zwei Wochen, sozusagen als Abschlusstraining, durch die schöne Gegend. Danach recherchierte ich noch die Neuerungen in Arusha und Moshi und holte bei dieser Gelegenheit auch meinen Freund Ricardo vom *Kilimanjaro Airport* ab, er wollte die Kilimanjaro-Tour mitmachen.

Wieder kam ich gegen Ende Dezember in **Marangu** an, diesmal allerdings ziemlich fit. Um meinen Freund brauchte ich mir keine Sorgen zu machen. Er war gebürtiger Tiroler, somit passionierter Bergsteiger und das ganze Jahr über topfit. Die Wiedersehensfreude mit den Menschen „meines" Hotels war wie gewöhnlich groß, und der Tourbeginn wurde mit 2.1.2001 festgelegt. Die Vorbereitungen fürs Silvesterfest liefen auf vollen Touren.

Der Tag nach Neujahr 2001 begann, wie jeder Tag am Kilimanjaro beginnen muss, mit Wecken um 6:00. Ich hasse das! Für Frederick war es normal, für den strikten Abstinenzler Ricardo war es sogar eine Erholung. Denn er war es gewohnt, um 4:00 aufzustehen, schnell einen Berg zu erklimmen, dort einige Frühstücksbrote und den in der Thermoskanne mitgebrachten Kaffee zu sich zu nehmen und danach wieder hurtig hinunter ins Tal zu marschieren, um seinem Hauptberuf nachzugehen. Er hatte auch kein Problem damit, am frühen Abend noch einen Berg zu erklimmen. Nein, um ihn brauchte ich mir keine Sorgen zu machen. Dass ich mir auch um mich keine Sorgen zu machen brauchte, war, wie die weitere Erfahrung zeigte, nur zu berechtigt.

Mein Training zeigte volle Wirkung und die ersten vier Tage der Wanderung (Marangu HQ bis Kibo-Hut) brachten wir ohne Zwischenfälle und ohne nennenswerte Anstrengung hinter uns. Den von der TANAPA mehr oder weniger zwangsverordneten Akklimatisierungstag auf der Horombo-Hut nutzte Ricardo, um seine

bergsteigerischen Möglichkeiten am Mawenzi auszuforschen. Ich übte mich der-
weilen im Nichtstun. Ricardos Kommentar zum Mawenzi fiel übrigens eindeutig
aus: „Dösch is a Teifelsberrrch".

Wie bereits zu Hause beschlossen, unternahm Ricardo den Gipfelsturm des
Kibo (erfolgreich übrigens) alleine. Ich blieb vorerst auf der Kibo-Hut. Ich hatte
den Kraterrand bzw. Gipfel bereits dreimal über die Marangu-Route und zweimal
über die Barafu-Hut bestiegen, das genügt, man muss nicht übertreiben.

Es war ein einzigartiges Aufwachen – kein Stress um 6:00, keine Menschen
anwesend, die Sonne schien bereits kräftig. Nur kurz erinnerte ich mich an die
Hektik der Aufbrechenden zwischen 1:00 und 2:00.

Dass Frederick nicht anwesend war, irritierte mich im ersten Augenblick (er
war mit Ricardo zum *Uhuru-Peak* unterwegs), doch ich merkte bald, dass er
seine Boys gut unterrichtet hatte – alles funktionierte bestens. Die Träger setz-
ten sich nach Abschluss des Frühstücks Richtung Horombo-Hut ab, bei mir ver-
blieb George, der von Frederick ausgebildete *Assistant Guide*. Ich nutzte den
Vormittag zum Fotografieren, spazierte ein paar Kilometer (verbotenerweise, da
in „falscher" Richtung) am Rongai-Trail entlang und als gegen 13:00 die ersten

Weg zwischen Simba und Kikilelwa Camp mit Guide George Elirehema

Trekker von unten zu erwarten waren, marschierten wir ebenfalls Richtung Horombo-Hut.

Etwa eine Stunde, nachdem ich dort angelangt war, erschienen auch Ricardo und Frederick. Man merkte keinem der beiden an, dass sie schon länger als 13 Stunden unterwegs waren – das sind die kleinen Unterschiede zwischen professionellen *Guides* am Kilimanjaro, passionierten Bergsteigern und mir. Trotz Training wäre ich sicher wieder einfach nur so fix und fertig hingesunken.

Der weitere Abstieg zum Marangu HQ verlief ohne nennenswerte Probleme. Ricardo nahm dort hocherfreut seine Urkunde in Empfang und nippte im Hotel sogar an einem Glas Champagner. Leider musste er schon drei Tage später wieder nach Hause reisen – er zählt aber zu denen, die eine neue Liebe entdeckt haben. Er schwor beim Dämon des Berges wiederzukommen – der „Äquatoriale Schneedom" hatte ein neues Opfer gefunden.

Der Hotelbesitzer, Mr. Mareale, zeigte sich in höchstem Maße gesprächsbereit, und ich nutzte die Chance, um mein Wissen über die für mich etwas diffus erscheinende Zusammensetzung der Chaggas etwas zu vertiefen. Aus der Literatur angeeignetes Wissen ergibt die eine Hälfte des Verständnisses, Gespräche mit Beteiligten die zweite.

In die Kapitel „Bewohner des Berges" und „Lebensader Kilimanjaro" sind diese neu gewonnenen Erkenntnisse eingeflossen. Diese Gespräche streiften zwangsläufig auch die Landwirtschaft am Kilimanjaro. Mr. Mareale als tansanischer Großindustrieller kannte sich auf diesem Sektor weniger aus, hier sprang wieder einmal Frederick ein. Der Form halber musste natürlich auch Mr. Mareale einen landwirtschaftlichen Vertreter von seinen Gnaden entsenden – Mr. Kambai. Mit beiden durchstreifte ich also tagelang Marangu und ließ mir ein Wunderwerk der Technik und des Weitblicks in Praxis und Theorie erläutern.

Wanderungen durch das bergauf- und bergab verlaufende Terrain Marangus stellen zumindest für diejenigen, die über ein bisschen Zeit verfügen, eine ideale Vorbereitung für die Besteigung dar. Da es über meine Besteigung nicht viel mehr zu erzählen gibt, als dass mich die ungeheuren Menschenmassen, anders kann ich es nicht nennen, schockierten und dass gottlob die Arbeiten für den neuen Trail zur Mandara-Hut in vollem Gange waren, nutze ich hier die Gelegenheit, Ihnen im nächsten Kapitel das agrarische Geheimnis des Wohlstandes der Chaggas zu verraten.

Kihamba und Mfongo

Unter Kihamba versteht man das traditionelle, auch heute noch angewandte landwirtschaftliche System der Chaggas. In Verbindung mit einem genialen, Mfongo genannten Bewässerungssystem entfaltet es am Kilimanjaro eine überaus hohe Effizienz, deren Grundlage die Flexibilität der beiden Systeme ist. Entwicklung und Durchführung benötigten Jahrhunderte und waren auch jahrhundertelang erfolgreich. Erst in letzter Zeit, seit ca. 20 Jahren, stößt es an seine Grenzen bzw. hat diese verschiedentlich schon erreicht. Die Ursachen dafür sind menschlicher Natur. Grob gesagt, werden beide Systeme zwischen 1.100 m und 1.800 m im gesamten Osten (mit Ausnahme der Koniferenplantage in Rombo) und Süden sowie im Südwesten des Berges von den Chaggas angewandt. Der Nordwesten ist mit groß angelegten Monokulturen übersät, die nördliche Seite ist auch für dieses System zu trocken.

Das Kihamba-System war und ist Gegenstand zahlreicher internationaler wissenschaftlicher Untersuchungen von Botanikern wie Agrariern. Die Autoren, die diese Technik durchwegs würdigen, wenn nicht sogar bewundern, sind überwiegend der Meinung, dass das Übertragen dieses unvergleichlichen und bis dato einzigartigen Systems einen Wendepunkt in der gesamten tropischen Landwirtschaft darstellen könnte.

Dieses System eignet sich für die Subsistenzwirtschaft ebenso wie für den Anbau von *Cash Crops*, meist wird es in Mischform betrieben – von knapp 90 % der Chagga-Landwirte am ostafrikanischen Schneeberg.

Man muss die Flächen, die durch Kihamba kultiviert worden sind und werden, exakt von den Shambas trennen. Shamba ist ein Swahili-Wort und bedeutet „großes/größeres kultiviertes Stück Land/Feld". Die Chaggas kamen jahrhundertelang ohne Shambas aus, erst seit die Bevölkerung in drastischem Ausmaß zunahm und sich durch ein geändertes (dennoch traditionelles) Erbrecht die agrarischen Flächen an den Hängen des Kilimanjaro ebenso drastisch verkleinert haben, wurden Shambas notwendig, d. h. ab etwa Mitte der 60er-Jahre.

Shambas wurden im dem Kilimanjaro vorgelagerten Tiefland, d. h. unter 700 m Höhe angelegt. Vor 1960 hatte die Massai-Steppe mehr oder weniger herrenlosen Status, denn für die Massai gab es den Begriff Landbesitz nicht, und die britische Kolonialverwaltung schenkte diesem Teil Tanganyikas keine Beachtung. Von den Chaggas wurden diese Shambas in kleinem Umfang zum Anbau von Fingerhirse, die man zum Bananenbierbrauen benötigt, und als Weide für Vieh genutzt – während und nach der Regenzeit, analog unserer Almwirtschaft.

Dauerhafte Siedlungen und Gehöfte wurden erst gegen Mitte bzw. Ende der 60er-Jahre in der Steppe als Antwort auf die beginnende Bevölkerungsexplosion errichtet. Ab den 1970er-Jahren wurde hier extensiver Maisanbau betrieben. Der Anbau von Fingerhirse wanderte in andere, produktivere Regionen wie Mpanda, Rukwa im Südwesten des Landes ab. Heute werden hier in erster Linie Mais und Bohnen angebaut.

Getreidemühle in Marangu

Chaggas, die nach wie vor am Berg leben, finden ihr Auskommen fast nur dann, wenn sie hier im Tiefland eine Shamba betreiben und Mais und Bohnen für den Eigenbedarf pflanzen. Aufgrund der verqueren Einstellung der bergbewohnenden Chaggas zu Landbesitz und dessen Registrierung in Vergangenheit und Gegenwart werden die Shamba-Flächen gepachtet. Es existiert zwar seit 1962 auch in Tansania so etwas wie ein „Grundbuch", es wird von den Chagga allerdings abgelehnt. Doch zurück zu Kihamba.

Kurz charakterisiert handelt es sich dabei um ein System mehrstöckiger Mischkulturen höchster Effizienz. Es ist geeignet, bei Dauernutzung bis zu 400 Menschen pro Quadratkilometer (= 100 ha) zu ernähren, anders betrachtet, findet eine Großfamilie samt Haustieren mit einer Fläche von ca. einem Hektar (= 100 x 100 m) gut und gerne ihr Auskommen. Dieses System muss verschiedene Aufgaben erfüllen: Anbau von Nahrungsmitteln für den Eigenbedarf (Subsistenz), für den lokalen Markt und für den nationalen Export als *Cash Crop*; weiters Anbau von Genussmitteln und von Pflanzen für die Hausapotheke, Anbau von Futter für die in Stallhaltung lebenden Haustiere. Wichtig ist auch noch die Bereitstellung von Brenn- und Bauholz sowie von sonstigen Materialien für den täglichen Bedarf: Blätter für Seile, Korb- und Flechtwaren, Verpackungsmaterial, Dünger, Pflanzenschutz usw.; zuletzt noch die Bereitstellung sonstiger Lebensmittel wie Honig, Wildfrüchte und Wurzeln. Dies alles natürlich in unmittelbarer Umgebung der Wohnstatt, d. h., Kihamba ist immer rund um das bewohnte Haus zu finden. Dadurch definiert sich das Kihamba-System selbst als kleinbäuerliche Struktur.

Für Botaniker oder sich mit der tropischen Landwirtschaft befassende Agrarier ist Kihamba ein Garten Eden und ein ökologisches Wunderwerk aus Menschenhand. Ein durchschnittliches an Monokulturen gewöhntes europäisches Auge hingegen verwechselt Kihamba anfangs mit einem wüsten, ungepflegten Durcheinander ohne Sinn und Zweck. Ein kleines Beispiel dafür liefern die überall kreuz und quer herumliegenden abgestorbenen Bananenstauden, Bananenblätter, abgeerntete Maisstengel und sonstige holzige oder krautige Pflanzenteile, auch Dung von Haustieren. Schnell ist da der Unwissende mit Termini wie „Faulheit", „Chaos" usw. bei der Hand – weit gefehlt. In diesem heißen und rel. feuchten Klima verrotten diese Teile sehr schnell und werden so zu bestem Humus und Dünger. Man nennt dieses billige, bequeme und natürliche Verfahren der Bodenverbesserung Mulchung. Diese uralte Technik wurde in den letzten 10, vielleicht 15 Jahren auch in Europa wieder entdeckt und vor allem von Winzerbetrieben erfolgreich angewandt. Ärgern Sie sich nicht über Ihren Irrtum, die hehre Wissenschaft hat auch fast hundert Jahre benötigt, um Organisation und Effizienz von Kihamba zu erkennen und zu verstehen.

Über die Anfänge dieses Systems ist nicht allzu viel bekannt. Man kann aber davon ausgehen, dass sie im Zusammenspiel von relativ schwierigen Pflanzbedingungen – so verhindert die Steilheit z. B. größere Einzelflächen – und einer übergroßen Fülle an Nutzpflanzen ihren Ausgang nahm. Als die Chaggas vor 300 bis 400 Jahren in das Gebiet am Kilimanjaro einwanderten (☞ „Bewohner des Berges") führten sie Bananen und höchstwahrscheinlich Bohnen, sowie verschiedene Genussmittel- und Medizinalpflanzen mit im Gepäck.

Im 16. Jh. führten die Portugiesen europäische und südamerikanische Nutzpflanzen wie Mais, Cassava, Yams, Taro, Süßkartoffel usw. ein, die vorerst von den Wa-Swahilis im Hinterland der Küste in Plantagen kultiviert wurden. Die Chaggas unterhielten rege Handelsbeziehungen zu den Wa-Swahilis, kamen daher bald in Besitz dieser Pflanzen und integrierten sie ihren natürlichen Erfordernissen entsprechend in das bestehende System.

Yams ist beispielsweise eine schattentolerante Kletterpflanze – was lag also näher, als diese neben bzw. unter große Bäume zu pflanzen. Im Laufe der Zeit entwickelten die Landwirte am Kilimanjaro nach und nach ein umfassendes botanisches und ökologisches Wissen, dass sie befähigte, aus kleinster Fläche größtmöglichen Nutzen zu ziehen.

Dabei ist alles eigentlich ganz einfach: Pflanzen, die Schatten vertragen, kann man unter schattengebende Bäume pflanzen, lichtliebende Pflanzen wie Bananen hingegen nicht; Flachwurzler können gemeinsam mit Tiefwurzlern gedeihen, Flachwurzler in der engen Nachbarschaft von anderen Flachwurzlern entziehen sich jedoch gegenseitig die Nährstoffe, und nur einer bleibt übrig. Auf diese genial-simple Art und Weise können auf einem Hektar Land bis zu 60 verschiedene Arten von Bäumen neben vielerlei Gemüse- und Obstsorten gedeihen.

Der größte Vorteil des Kihamba-Systems jedoch ist seine enorme Flexibilität, die auch als großartiger Spiegel der geistigen Flexibilität der Chagga gesehen werden kann. Wenn z. B. bestimmte Pflanzen aufgrund sinkender Nachfrage, Preisverfall, sich ändernder Ernährungsgewohnheiten, auftretender Krankheiten usw. nicht mehr opportun sind, können sie auf der Stelle durch solche, die taugen, ausgewechselt werden. Die von der britischen Verwaltung zwangsverordneten *Black-Wattle*-Akazien taugten z. B. so wenig, dass sie stellenweise das System sogar zu kippen drohten. Die Schnellwüchsigkeit dieser Art bedeutet enormen Wasserentzug, einen riesigen Wurzelstock und die Gier nach Nährstoffen. Die Auswirkungen waren noch Jahre nach der Rodung der Bäume zu spüren. Hingegen kann das Beispiel Kaffee diese Flexibilität sehr gut verdeutlichen.

Die ersten Kaffeebohnen kamen 1885 ins Land der Chagga und benötigen für gutes Gedeihen (= guten Ertrag) humusreichen Boden aus verwittertem Lavagestein und einen ausreichenden Schatten – die Berghänge waren somit ideal.

Schneidet man Kaffeesträucher soweit zurück, dass man auch die obersten Zweige noch gut per Hand abernten kann, passen sie vortrefflich unter die schattenspendenden Bananenstauden. Kaffee wurde die erste und beste *Cash Crop*, 1925 standen bereits geschätzte 1 Mio Kaffeesträucher in den Gärten der Chaggas, und Kaffee war zur größten Einkommensquelle geworden.

Dass sich Kihamba weit über die Landwirtschaft hinaus erstreckt, wird daran erkenntlich, dass mit den aus dem Kaffee-Anbau resultierenden Einkünften eine für die Zukunft enorm wichtige Investition getätigt wurde. In erster Linie fand der Profit nämlich für die Bezahlung des Schulgeldes aller Kinder Verwendung.

Im selben Maß, wie der wirtschaftliche Fortschritt in ganz Tansania und am Kilimanjaro im Speziellen voranging, sank der Status der Kochbanane als Nahrungsmittel. An ihre Stelle traten Mais und Reis und der Bananenpreis verfiel. Im Kihamba-System bedeutete dieses, Entfernung der Bananen zugunsten von Kaffeestauden, es blieben nur so viel Bananen übrig, wie zur Beschattung unbedingt nötig waren. Dabei ist zu sagen, dass es im Lande Chagga geschätzte 100 Bananensorten gibt. In erster Linie wurden solche weiter kultiviert, die

Bananenhain, Marangu © Mag. Gerhard Hirn

man zum Bierbrauen benötigte (Makipui, Mnanambo, Kiseri, Ndishi, um die vier wichtigsten zu nennen).

Alles war eitel Wonne, bis 1989 das von der *International Coffee Organization (ICO)* ausgehandelte Kaffeequoten-Abkommen nicht mehr erneuert werden konnte und somit der Kaffeepreis verfiel und teils unter den Gestehungskosten lag. Die Kaffeesträucher wurden flugs gerodet, größere Teile dienten als Brennholz, kleinere der Mulchung, und an die frei gewordenen Stellen wurden wieder Bananenschösslinge eingesetzt. Denn irgendwo im Garten hatte man doch noch einige Kochbananensorten stehen gelassen und da Bananen ausschließlich vegetativ vermehrt werden, war deren Wiedereingliederung kein Problem.

Die Entscheidung für Bananen, aber auch Yams und Taro war goldrichtig. Aufgrund der allgemeinen Rezession in Tansania ist Reis relativ teuer geworden, Mais zog mit, die in den letzten Jahrzehnten missachtete Banane kommt nun wieder als Grundnahrungsmittel für die große Masse des Volkes zu neuen Ehren. Das Kihamba-System hat sich wieder bewährt, das Schulgeld der Chagga-Kinder ist wieder gesichert.

Es ist absolut unmöglich, in einem Kihamba-Garten Maschinen irgendwelcher Art zum Einsatz zu bringen. In erster Linie deshalb, weil die verschiedenen, sehr eng stehenden Nutzpflanzen eine individuelle Pflege brauchen, aber auch der Steilheit des Geländes wegen. Anfänglich wurde dieser Umstand von Europäern als extremer Nachteil eingestuft. Tatsächlich ist aber dieser Umstand von großem Vorteil. Der Einsatz von Maschinen würde zur sofortigen Verdichtung der fruchtbaren Krume führen, die Speicherkapazität wäre damit beeinträchtigt, und das über das Bewässerungssystem Mfongo herangeführte Wasser würde oberflächlich ablaufen.

Grundvoraussetzung für das Funktionieren des Kihamba-Systems ist nicht nur das Vorhandensein von ausreichend Wasser, sondern auch, dass dessen Verlauf dahingehend gelenkt und kontrolliert wird, dass es zum richtigen Zeitpunkt am richtigen Ort ist. Dass es dort nicht zu schnell verdunstet, dafür sorgen die speicherfähige Krume einerseits und die schattenspendenden Bäume und Sträucher andererseits. Das Mfongo genannte Bewässerungssystem wurde zeitgleich mit Kihamba entwickelt und war bereits vor Ankunft der ersten Europäer ein technisches Wunderwerk.

Mfongo ist, grob charakterisiert, ein zumindest für europäische Augen unüberschaubares, aber nach streng logischen, bedarfsorientierten Richtlinien angelegtes System von einerseits ausgehöhlten, ineinandergesteckten Baumstämmen – also Röhren – teils oberflächlich verlegt, teils vergraben und andererseits ausgehöhlten, halbierten Baumstämmen – also von Kanälen.. Dieses ineinandergreifende System sammelt das lebensspendende Nass am Ort der Entstehung – teilweise sogar von der Moorzone – und verteilt es in weiterer Folge nach Bedarf. Das System ist so angelegt, dass jederzeit über „Weichen" der Wasserfluss umgelenkt werden kann – kommunal wie individuell. Am besten ausgebaut ist Mfongo auf den südlichen und östlichen Hängen des Kilimanjaro, und die übergroße Grandezza dieser Technik sowie der enorme Weitblick in der Organisation der

Anlagen nötigten auch europäischen und amerikanischen Wasserbauingenieuren Respekt ab.

Jede Ortschaft erstellte sein eigenes Mfongo-System, das unter der Aufsicht des *Mfongo-Council* steht. Den Endpunkt des kommunalen Systems kann jeder Kihamba-Besitzer anzapfen – entweder er erstellt seine eigenen Leitungen oder er (eigentlich sie!) holt das Wasser in Gefäßen.

Der Council ist zuständig für das grundsätzliche technische Funktionieren der kommunalen Anlagenteile, für die gerechte Wasserverteilung ab Endpunkt und dafür, dass nicht zu viel, aber auch nicht zu wenig Wasser durch die Anlagen zu den einzelnen Kihambas geleitet wird. Im Detail ist für die Instandhaltung ein Mangi wa Mfongo zuständig, der im Dreijahres-Rhythmus gewählt wird.

Die notwendigen Arbeiten, angeordnet aufgrund der Meldungen des *Mfongo-Chiefs* durch den *Council*, werden freiwillig durch die Gemeinschaft durchgeführt. Wer sich weigert, wird mit Wasserentzug bestraft. Natürlich gibt es auch Strafen für illegalen Wasserbezug. Für die Instandhaltung der „privaten" Leitungen ist jeder selbst zuständig. In höher gelegenen Regionen sind die Arbeiten an Mfongo, egal ob kommunal oder individuell, durchweg Männerangelegenheit, in tiefer gelegenen „dürfen" auch Frauen an diesen Arbeiten teilnehmen.

Durch den Kaffeeanbau erhielt das *Mfongo-System* einen enormen Aufschwung. Aus den 1950er-Jahren wird berichtet, dass jede Chagga-Frau auch während der Trockenzeit innerhalb „kürzester Distanz" Zugang zu fließendem Wasser hatte. Im nicht gar so weit entfernten, doch nicht mehr im Versorgungsbereich des Kilimanjaro liegenden Kondoa mussten die Frauen hingegen täglich über Stunden hinweg Wasser aus in mühseligster Arbeit im trockengefallenen Flussbett gegrabenen Brunnen schöpfen und meilenweit nach Hause transportieren.

Nach Erlangung der Unabhängigkeit 1961 begann ab Ende der 60er und Anfang der 70er auch im Lande Chagga das Ujamaa-Programm zu greifen. In absoluter Unkenntnis der Qualität des aktuellen Wasserversorgungssystems am Kilimanjaro und im Überschwang der lauthals propagierten Gemeinsamkeit sowie einem unbedingten Glauben an den technischen Fortschritt wurden auch im Lande Chagga von oben herab Wasserleitungen nach europäischem Muster verordnet. Im Prinzip wurde nun die Verfügungsgewalt über das Wasser vom Berg von der Region- oder Distriktverwaltung oder von der Zentralregierung wahrgenommen.

Chagga-Gehöft im Bananenhain

Es kam, wie's immer kommt – man vertraute der verordneten Modernität, die alles bisher Dagewesene in den Schatten stellen sollte, und vernachlässigte das traditionelle System. Das Ende war z. B. in der Entwicklung der 2.000-Seelen-Ortschaft Lyasangoro abzulesen – von elf kommunalen, höchst modernen Wasserleitungshähnen lieferten acht kein Wasser, die fünf davon abgehenden privaten Anschlüsse führten zum Konkurs der Besitzer.

Aufgrund des überaus durchdachten Zusammenspiels von Kihamba und Mfongo konnten die Chagga, im Zusammenspiel von Regen- und Trockenzeit, grundsätzlich auch wassersaisonale Produkte, wie Tomaten und Zwiebeln, das ganze Jahr über ziehen, damit war nun Schluss. Es wäre aber ein Chagga kein Chagga, wenn er nicht sofort die gezogenen Lehren in die Praxis umsetzen würde. Sie werden bei einem Spaziergang durch Marangu laufend die Renaissance des Mfongo-Systems sehen und auch erkennen, dass dies die Modernität Lügen straft. Zumindest seit den späten 80er-Jahren ist Mfongo auf den südlichen und östlichen Hängen des Kilimanjaro wieder extensiv auf dem Vormarsch – die Westseite erhält so viel Regen, dass man dieses System (fast) nicht benötigt.

Tour Operator und Flycatcher

Vorbemerkungen

Sie werden in diesem Kapitel manch Schlimmes, manch Böses lesen. Ich möchte aber bereits eingangs darauf hinweisen, dass es sich beim Gesagten um Einzelfälle und bei Weitem nicht um die Norm handelt. Das Gros der *Tour Operator* und *Flycatcher* arbeitet korrekt! Und: Es wird von Jahr zu Jahr besser, bei der nächsten Auflage wird dieses Kapitel wahrscheinlich schon „ein Blick zurück" sein.

Die Besteigung des Kilimanjaro muss durch einen in Tansania ansässigen *Tour Operator* organisiert werden. Das gilt für denjenigen, der die Tour vor Ort selbst organisieren will, genauso wie für europäische oder amerikanische Reisebüros oder Reiseveranstalter. Manche Veranstalter haben seit der Liberalisierung 1991 daher auch eigene Unternehmen in Tansania gegründet. Aufgrund des enormen Konkurrenzkampfes unter den ca. 400 *Tour Operators* im Land (80 % davon in Arusha angesiedelt) und den daraus resultierenden, nicht immer fairen Methoden im Umgang miteinander, aber auch im Umgang mit Kunden, muss der selbst organisierende Individualtourist wesentlich mehr Vorsicht walten lassen als der Gruppenreisende. Dass auch Gruppenreisende vor zumindest kleineren Überraschungen nicht unbedingt gefeit sind, wird am Ende dieses Kapitels erörtert.

Die Frage, ob die Selbstorganisation vor Ort letztlich preislich günstiger ausfällt als der Anschluss an eine Reisegruppe, kann im Prinzip zwar bejaht werden, hängt aber in der Praxis von vielen Faktoren ab – bei sehr viel Pech kann jene Organisationsform sogar noch teurer werden bzw. voll danebengehen.

Wenn Sie ins Land kommen, um innerhalb von zwei Wochen den Kilimanjaro zu besteigen und vielleicht noch die Serengeti besuchen zu wollen, dann empfehle ich dringend den Gang zu einem Reisebüro zu Hause.

Wenn Sie aber während eines längeren, sagen wir mal zweimonatigen Aufenthaltes in Tansania u. a. auch den Kilimanjaro besteigen wollen, wird Ihnen nichts anderes übrig bleiben, als die Tour selbst zu organisieren. In diesem Fall sollten Sie sich bereits im Vorfeld entschieden haben, ob Sie Geld oder Zeit opfern wollen – Ihre Nerven werden sowieso dran glauben müssen.

Flycatcher

Kurz gesagt sind *Flycatcher* Personen, die Sie auf die Möglichkeit der Kilimanjaro-Besteigung hin ansprechen und einen bestimmten *Tour Operator* – den besten natürlich! – wärmstens empfehlen. Denn: Alle anderen sind Betrüger! Sie bleiben so lange an Ihrer Seite, bis Sie eine Buchung beim von ihm vorgestellten *Tour Operator* zumindest versprochen haben.

Die Ursachen für die Berufswahl *Flycatcher* sind unterschiedlichster Natur: Der eine ist selbst Chef oder Besitzer des Unternehmens, das er empfiehlt; der nächste ist *Guide*, arbeitet mit dem empfohlenen Unternehmen zusammen und sichert sich somit seinen Hauptjob; der dritte arbeitet schlicht gegen Vermittlungsprovision; der nächste arbeitet nur für sich selbst, kassiert von Unbedarften eine Anzahlung und ward nie wieder gesehen.

Flycatcher gibt es in Arusha und Moshi zuhauf, in Marangu weniger bis fast gar nicht, mittlerweile tauchen sie auch in den Hotels von Dar es Salaam, bald sicherlich auch schon am Flughafen und in grenznahen Orten in Kenia auf. Die meisten sind extrem hartnäckig, teilweise lästig, aber grundehrlich, nur die wenigsten sind kriminell.

Tätigen Sie trotz allem nie eine Anzahlung an *Flycatcher* und unterschreiben Sie in seiner Gegenwart nicht einmal eine Postkarte! Manche *Flycatcher* in Dar es Salaam oder Kenia sind mit Fahrzeugen unterwegs und versprechen im Falle einer Buchung den kostenlosen Transport zum Office des beworbenen *Tour Operator*.

In der Regel funktioniert das auch klaglos. In Ausnahmefällen kann es allerdings vorkommen, dass der *Tour Operator* vor Ort dennoch versucht, diesen Transport oder auch den Transport vom Office zum Nationalparkeingang extra zu berechnen. Obwohl Sie in diesem Fall am längeren Ast sitzen, werden Sie um längere Verhandlungen nicht umhin kommen. Lassen Sie sich nicht „rumkriegen", es ist alles eine Frage der Nervenstärke. Sollten Sie sich im Falle eines bereits in Anspruch genommenen Transports aber doch für ein anderes Unternehmen entscheiden, müssen Sie mit großen Schwierigkeiten rechnen – der Transport ist in diesem Fall kostenpflichtig und der geforderte Betrag exorbitant hoch.

Wenn der Flycatcher, der sich an Ihre Fersen geheftet hat, ein wirklicher *Guide* ist (Ausweis!), sollten Sie den Dialog pflegen – es schadet keinesfalls, wenn Sie Ihren *Guide* bereits im Vorfeld näher kennen lernen. Wenn er Ihnen sympathisch ist und die grundlegenden Informationen als in Ordnung erscheinen, sollten Sie ihn auf Herz und Nieren „prüfen". Stellen Sie Fragen über Fragen und auch immer wieder dieselben wiederholend. Widerspricht er sich zu oft, trägt er zu dick auf oder weicht er bei bestimmten Fragen immer wieder unwillig aus, ist Vorsicht angeraten.

Der weitaus größte Teil der *Guides* und Träger kann den Chaggas zugerechnet werden und entstammt dem ländlichen Raum, vor allem Marangu. Das ist insofern von Bedeutung, weil die Chaggas den Berg wirklich sehr gut kennen und da sie auf größerer Höhe leben, der Höhenkrankheit besser gegenüber treten können als z. B. ein Bewohner von Moshi. Fragen Sie ihn über seine Lebenssituation (☞ „Bewohner des Berges"), über Kihamba und Mfongo aus (☞ „Kihamba und Mfongo") – weiß er darüber überhaupt nichts, ist Vorsicht geboten. Denn dann ist er vermutlich entweder überhaupt kein Chagga oder er ist Stadtbewohner.

Noch eines: Ein Flycatcher kann Sie nur grundsätzlich informieren, er kann von sich aus keine wie immer gearteten Zusagen machen (z. B. Termin, Preise usw.). Wenn er dennoch den erst genannten Preis um einen größeren Prozentsatz reduziert, können Sie davon ausgehen, dass er mit hoher Wahrscheinlichkeit nicht korrekt arbeitet. Kleinere Prozentsätze kann oder darf er rabattieren (ca. 5 %), meist schlägt er sie sowieso schon auf den vom Boss verlangten Höchstpreis auf.

Tour Operator

Endlich im Office des *Flycatchers* angelangt, wiederholen Sie dann das Fragespielchen – diese Personen sind aber meist nicht den Chaggas zuzurechnen! Hüten Sie sich dabei vor dem Glauben an zu viele für Sie günstige Zufälligkeiten: deutschsprachiger Führer, gerade jetzt laufendes Sonderangebot usw.

Als elementarster Beweis für eine zu erwartende Unredlichkeit kann der geforderte Preis gewertet werden. Im Prinzip kann gesagt werden, dass jeder Preis, der unter ca. US$ 200/Tag/Person für die Besteigung – ohne Hotel usw. – liegt, zu hinterfragen ist.

Es gibt *Tour Operator*, die kommen Ihnen so weit „entgegen", dass eine durchschnittliche Sechs-Tages-Tour auf der Marangu-Route bei Beteiligung von zwei Personen pro Person nur US$ 450, inkl. allem Drum und Dran, kosten soll.

Selbst wenn sich an dieser Tour 20 Personen beteiligen würden, stimmt hier etwas nicht! Mit diesem Betrag sind nicht einmal die Selbstkosten des Unternehmens abgedeckt; mit diesem Betrag sind gerade mal die offiziellen Kosten der TANAPA abgedeckt (Eintritt, Übernachtungsgebühr, *Rescue-fee* usw.).

Manche Tour Operator verfügen über stabile Kunststoff-Boxen, manche nur über Plastiksäcke

Meist ist es so, dass Trägern und *Guides* der Lohn vorenthalten wird bzw. diese so lange warten müssen, bis eine Tour mit größeren Einkünften verkauft worden ist – das kann Monate dauern.

Oder das Fahrzeug, das Sie zum NP-Eingang bringen soll, bricht aus unerklärlichen Gründen plötzlich zusammen und Sie müssen mit dem öffentlichen Verkehrsmittel Richtung Eingang fahren; dabei bezahlen Sie den Fahrpreis für alle Personen, inkl. Führer und Träger. Es gilt auch anzumerken, dass das öffentliche Verkehrsmittel nicht bis zum Eingang fährt, die letzten Kilometer gehen Sie schon zu Fuß, alles zusammen genommen verlieren Sie den ersten Tag.

Oder es wird kein oder zu wenig Essen eingekauft. Es ist mir schon mehrmals passiert, dass nicht nur Touristen, sondern sogar *Guides* bereits am dritten Tag der Tour um Essen bettelten. Es kann auch ganz fies kommen: Man verabreicht Ihnen bereits am zweiten Tag verdorbene Nahrungsmittel oder Trinkwasser – spätestens am Morgen des dritten Tages haben Sie prächtigen Durchfall und müssen zurück ins Tal. Da Sie die Tour im Voraus bezahlen müssen, ist das Geld natürlich weg. Und glauben Sie nicht, dass Sie auch nur einen einzigen Cent davon zurückbekommen. Und glauben Sie auch nicht, dass Träger wie Führer deswegen auf ihr Trinkgeld verzichten. Es kann aber noch viel schlimmer kommen!

Vereinzelt gibt es Berichte, dass Touristen auf halbem Weg zum NP-Eingang einfach mit rüder Gewalt aus dem Fahrzeug auf die Straße befördert wurden – wehren Sie sich in solch einem Fall unter keinen Umständen. Diese Fälle sind anders gelagert und die Auswirkungen noch wesentlich krasser als zuvor beschrieben. Jeder *Tour Operator* muss eine jährliche Abgabe von US$ 5.000 an die TANAPA entrichten.

Diese recht erkleckliche Summe kann nicht von jedem Unternehmen aufgebracht werden. Wer diese Summe nicht bezahlt, kommt auf eine *Black List* und darf den NP nicht betreten. Dann gibt es noch *Tour Operator*, die gar keine sind, sondern nur über (oft gestohlene) Bestell- und Quittungsblöcke verfügen. Viele dieser „Unternehmen" führen auch Namen, die so ähnlich klingen und/oder auch so ähnlich geschrieben sind wie die der renommierten Unternehmen.

Was tun?
Im Büro der TTC in Arusha liegt eine Liste aller registrierten Unternehmen aus, diese Liste enthält auch die *Black List* der gesperrten Unternehmen. Die Liste ist zwar nicht auf dem allerneuesten Stand, aber in jedem Fall brauchbar. Die Angestellten der TTC wissen auch sonst noch einiges zu erzählen. Das NP-Headquarter in Marangu erteilt ebenfalls ziemlich exakte Auskünfte. Kontaktieren Sie daher die genannten Stellen, bevor Sie in ernsthafte Verhandlungen treten.

Alles bisher über Preise Gesagte bezieht sich auf die Marangu-Route, die billigste Route. Alle anderen Routen kommen Sie mindestens um ca. 20 % teurer zu stehen. Ein *Tour Operator*, der alle Routen zum selben Preis bei selber Dauer anbietet, sollte daher Ihren stärksten Verdacht erregen.

Führen Sie Verhandlungen auch nur und ausschließlich in Büros, die auch so ausschauen wie ein *Office* – jede Menge Werbematerial an den Wänden, mehr als einen Telefonanschluss, hin und wieder könnte auch einer der Apparate läuten, zumindest ein Fax-Anschluss. Telex ist noch immer weit verbreitet, die meisten halbwegs guten Unternehmen verfügen aber bereits über Computer und Flachbildschirme; kontrollieren Sie, ob die Geräte eingeschaltet sind oder nur als Attrappe herumstehen.

Fragen Sie mal ziemlich unvermittelt ohne erkennbaren Zusammenhang nach der E-mail-Adresse, die Reaktion kann oft Bände sprechen. Wie viele Leute arbeiten hier, sind es bei jedem Besuch dieselben? Kann eine durchgängige Hierarchie ausgemacht werden? Liegen Postsendungen auf den Schreibtischen (Briefe, Pakete, Postwurfsendungen, Werbebroschüren)? Manchmal gibt es sogar eine Unternehmens-Uniform. Natürlich kann man das alles in betrügerischer Absicht nachstellen, doch in der Regel ist der betrügerische *Tour Operator*, also einer, der gar keiner ist, auf das schnelle Geld aus und erspart sich diesen Aufwand.

Bei geheucheltem wie echtem Interesse Ihrerseits wird Sie jeder *Tour Operator* nach Ihrem Hotel fragen, sagen Sie ihm ruhig die richtige Adresse. Taucht er dort immer wieder auf, ist Vorsicht geboten. Wie überhaupt bei allzu starkem Drängen – aber auch bei allzu starkem Nachgeben – immer Vorsicht geboten ist.

Nun gut, es gibt Betrug und Betrüger, es gibt kleine *Tour Operator*, die ums Überleben kämpfen, aber korrekt arbeiten, es gibt aber auch welche, die sich im Überlebenskampf zu Unredlichkeiten hinreißen lassen, dann gibt es noch die so genannten renommierten Unternehmen. Alle miteinander schicken *Flycatcher* aus, alle miteinander wollen am großen Kuchen Kilimanjaro mitnaschen und tun dies auch. Wie soll sich der Tourist in diesem Dschungel zurechtfinden?

Wenn Sie beabsichtigen, längere Zeit in Tansania zu bleiben, setzen Sie die Besteigung erst gegen Schluss Ihres Aufenthaltes an, denn Sie haben dann schon viele Verhandlungen hinter sich. Nehmen Sie sich dann für die Klärung der Frage „Welchem Tour Operator schenke ich mein Vertrauen?" Zeit, viel Zeit. Sagen wir ca. eine Woche harter Arbeit. Fragen Sie jeden Touristen, den Sie treffen, über seine Erfahrungen aus, lesen Sie Zeitung und sparen Sie nicht am falschen Ort.

Ziemlich sicher fahren Sie, wenn Sie einem der teureren Unternehmen den Vorzug geben. In meinem Buch „Tansania: Kilimanjaro" sind diese, aber auch eine

Anzahl kleinerer Unternehmen, die schon längere Zeit über jeden Verdacht erhaben sind, aufgelistet. Aber selbst wenn Sie auf solche Weise sichergehen wollen, können noch vergleichsweise winzige, aber dennoch unliebsame Überraschungen auftreten, sie sind so gelagert wie hier für Gruppenreisen geschildert.

„Probleme" für Gruppenreisende

Sie haben schon zu Hause gebucht, bezahlt und leben in der Vorfreude eines großen Erlebnisses. Sie kommen in der Regel am Kilimanjaro Airport an, bewältigen problemlos Passkontrolle und Zoll, der *Shuttle Bus* wartet und bringt Sie zum Hotel.

Nach dem meist guten, hin und wieder auch sehr gutem bis hervorragendem Abendessen kommt es zum obligaten Briefing/Lagebesprechung, das alles andere als aufregend ist – „morgen geht's um 7:00 los zur XY-Hut, dann weiter, blabla und in 6 Tagen sind wir wieder hier, fröhlich, gut gelaunt und um eine Erfahrung reicher, good luck and sleep well". Das mit 7:00 brauchen Sie nicht unbedingt ernst zu nehmen, es kann schon mal 9:00 oder 10:00 werden, bis alle abmarschbereit sind. Das „sleep well" sollten Sie hingegen sehr ernst nehmen – wir sind nämlich beim ersten möglichen Wermutstropfen einer organisierten Gruppenreise angekommen.

Wenn Ihr Flugzeug z. B. erst gegen Mitternacht am Kilimanjaro-Airport ankommt (die KLM hat immer wieder solche merkwürdigen Ankunftszeiten), sind Sie frühestens gegen 2.00 im Bett und um 7:00 soll es losgehen! Der Marsch zur Mandara-Hut ist zwar nicht anstrengend und dauert für einen halbwegs trainierten Menschen auch nur 4 bis 5 Stunden.

Der Marsch zur Horombo-Hut wird Sie etwas mehr fordern, ist aber auch unter solchen Voraussetzungen zu bewältigen. Spätestens hier können Sie nun ausspannen – der eingeschobene Akklimatisierungstag wirkt in diesem Fall Wunder. Frühstücken Sie jedenfalls vor Abmarsch im Hotel ausgiebig und genießen Sie trotzdem die beiden Tage. Wirklich befriedigend ist diese Vorgehensweise aber nicht.

Erkundigen Sie sich vor der Buchung genau, für welche Route Sie bezahlen. Ob während der Hauptsaison (Juli, August, Dezember, Januar) in den Hütten der Marangu-Route wirklich auch für Sie ein Bett frei ist und ob auf den anderen Routen wirklich einer der limitierten Zeltplätze noch frei ist, wird nämlich in zunehmendem Maße immer fraglicher. Die Ursache liegt im starken Touristenandrang einerseits und im ineffizienten Buchungssystem der KINAPA andererseits begründet.

Nötigenfalls müssen Sie in den Hütten der Marangu-Route auf dem harten Boden schlafen, schlimmstenfalls auf der Veranda im Freien. Für die Begehung der anderen Routen wird in der Regel ein Zelt bereitgestellt, dieses ist lange vor Ihnen durch die Träger im Camp angelangt und aufgestellt. Wenn Sie auf Ihrem eigenen Zelt bestehen, tragen das die Träger ebenfalls hinauf, bauen es aber nicht auf. Wenn Sie zu spät kommen und alle Zeltplätze belegt sind, schlafen Sie im Schlafsack im Freien (vor allem die Machame-Route ist davon betroffen). Wählen Sie daher Ihren Schlafsack auch nach diesen Erfordernissen aus.

Bleibt noch die Ernährungsfrage: Europäische Reisebüros arbeiten in der Regel mit einem guten bis sehr guten tansanischen *Tour Operator* zusammen, d. h., dass das Essen am Berg in der Regel ausreichend, geschmacklich gut und auch den Erfordernissen einer solchen Tour entsprechend zusammengestellt ist. Nur wenn Sie aus bestimmten Gründen bestimmte Nahrungsmittel nicht zu sich nehmen dürfen oder wollen, dann sollten Sie dies bereits lange vor Buchung mit Ihrem Reisebüro zu Hause klären, vor Ort ist es längst zu spät.

Schneiden Sie beim *Briefing* nach Ankunft in Ihrem Hotel diese Frage unbedingt an. In besonders schwerwiegenden Fällen (Allergie!), sollten Sie sich die getroffene Vereinbarung von Ihrem Reisebüro schriftlich geben lassen – nur die Schriftform zählt bei Schadenersatzansprüchen und Schmerzensgeldprozessen.

Legenden, Sagen und Märchen

Legende vom silbernen Gipfel

Gemeinhin wird in vergleichbaren Publikationen die Behauptung vertreten, die Chaggas wären anno dazumal der Meinung gewesen, der Kilimanjaro wäre mit purem Silber bedeckt und dieses löse sich bei Berührung in Nichts auf. Keine Frage, das liest sich ungemein legendenhaft, könnte auch wirklich dem ungeheuren Sagen- und Legendenfundus der Chaggas entsprungen sein, ist es aber nicht!

Kifunika, der heilige Berg der Chagga

Die Geschichte vom sich auflösenden Silber am Gipfel des Kibo entstammt nämlich dem nicht minder umfangreichen Legendenschatz der küstenbewohnenden Wa-Swahili. So betrachtet, wohnt der heute kolportierten Geschichte eine doppelte Legende inne: einmal die Geschichte an und für sich und zum anderen dass sie von den Chagga erzählt wurde.

Zum ersten Mal erwähnt wird diese Legende im Bericht des Captain Richard Francis Burton. Er wurde 1856 von der *Royal Geographical Society* in London beauftragt, im Rahmen einer groß angelegten Ostafrika-Expedition die Nil-Quellen zu finden und dabei auch ökonomische, militärische und politische Möglichkeiten im Landesinneren zu erkunden. Nur so nebenbei sollte er auch die Angaben von Rebmann und Krapf überprüfen (☞ „Kampf und Schnee und Eis" und „Vom Wachsen und Schrumpfen eines Berges").

Gemeinsam mit John Hanning Speke und einer halben Tonne Ausrüstung landete Burton im Dezember 1856 in Sansibar. Am 17. Juni 1857 erreichten die beiden mit dem Boot „Artemise" Wale Point nahe Bagamoyo und starteten nach langwierigen Verhandlungen mit Trägern, Zoll, Sklavenhändlern usw. ihre nordwärts führende Wanderung zum Kilimanjaro. Sie kamen nicht weit – in Fuga am

Fuße der Usamabara-Berge war vorerst Endstation. Aufgrund starker Malaria-Anfälle beider Europäer wurde der Rückweg in Richtung Tanga, der nächstgelegenen Hafenstadt, angetreten.

Dies war ein nettes Städtchen, wie geschaffen für die Rekonvaleszenten. Man hatte nicht nur hinlänglich Zeit und Muße, mit den Notabeln der Stadt zu plauschen, es war auch die einzig mögliche Abwechslung. Dabei trat gleichermaßen Fürchterliches wie Erstaunliches über den „Äthiopischen Olymp" zu Tage: Früher hätte es eine große Stadt am Fuße des Berges gegeben, die gänzlich aus Kupfer errichtet worden war, leider wisse man über die Lage nicht mehr Bescheid.

Am Gipfel solle sich ein weithin sichtbarer, außergewöhnlich stolzer Bau mit riesiger Kuppel aus purem Silber befinden. Der Weg zu diesem Silberdom sei in letzter Zeit allerdings durch ein gehäuftes Auftreten riesiger, feuerspeiender Bestien gefährlich geworden. Auf diese Kreaturen werden wir in diesem Kapitel noch einige Male zurückkommen.

Die Kreaturen attackierten den Wanderer nicht direkt, aber sie konnten den Gang seiner Füße derart verwirren, dass er unweigerlich abstürzen musste. Abgesehen davon hatte auch der Berg selbst einiges dagegen, dass man ihn betrat. Während eines Besteigungsversuches wachse er nämlich unaufhörlich weiter, der Silberdom war somit unerreichbar. Anderen Berichten zufolge wich der Kilimanjaro den Füßen des Wanderers aus – man trat immer ins Leere, stolperte und brach sich den Hals. Es wurde auch über Nasenbluten ab einer gewissen Höhe berichtet, von Fingern und Zehen, die sich rückwärts zu krümmen begannen und letztendlich brachen usw.

Alles in allem schien es so, als wäre ein potentieller Besteiger des Kilimanjaro lediglich ein Spielball metaphysischer Kräfte und müsste sich zwangsweise wie ein Hampelmann verhalten. Untermauert, wenn nicht sogar bewiesen, werden all diese Angaben durch die im Kapitel „Erste Besteigung des Autors 1986" dargestellten Erfahrungen. Burton zeichnete diese Erzählungen in seinem Bericht äußerst penibel und langatmig auf. Lediglich in einem kleinen Satz berichtete er noch, dass Karawanenführer, die soeben vom Kilimanjaro bzw. vom Lande Chagga zurückgekehrt waren, sehr „nüchterne", sogar „korrekte" Berichte lieferten. Auf diese ging er allerdings in keiner Weise ein, zu sehr war er anscheinend von den eher mystischen Erzählungen gefangen.

Vielleicht war er auch bestürzt oder verängstigt, er änderte nämlich, nachdem er wieder halbwegs genesen war, seinen Auftrag dahingehend ab, dass er den verordneten Anblick des Kilimanjaro zwecks Verifizierung oder Falsifizierung der Schneehaube ersatzlos strich und via Zungomero und Tabora auf einer weit südlicher gelegenen Route zum Tanganyika-See zog.

Wie heute war auch zu Burtons Zeiten Tanga eine ausschließlich von Wa-Swahili bewohnte Stadt, Chagga waren und sind dort nicht anzutreffen. Seine Informanten sind somit Wa-Swahili und keine Chagga gewesen; er weist in seinem Bericht auch darauf hin. Somit kann Burton nicht dafür verantwortlich gemacht werden, dass die abenteuerliche Geschichte vom Silberdom letztlich von den küstenbewohnenden Wa-Swahilis zu den bergbewohnenden Chagga übersiedelte.

Die Chaggas selbst mussten lächeln, als sie über ihr angebliches Silber erfuhren. Für sie war die weiße Masse am Gipfel kein unbekanntes Phänomen. Sie nannten sie schlicht Hagel. Dieser war auch in ihren tiefen Lagen eine leider nur allzu bekannte Gefahr.

Warum der Mawenzi so aussieht, wie er aussieht

Kibo und Mawenzi lebten friedlich nebeneinander und gingen ihrem Tagewerk nach. Kibo stampfte einen großen Berg getrockneter Bananen im Mörser zu Mehl und Mawenzi kochte sich ein Süppchen.

Da es beim Suppekochen nicht allzu viel zu tun gibt, nickte der gute Mawenzi ein – das Feuer verlosch. Guter Rat war in diesem Fall nicht teuer, man hatte ja einen freundlichen Nachbarn, der einem gerne aushalf: „Guten Tag, Verehrtester", begrüßte Mawenzi den Kibo, „kannst du mir mit etwas Feuer aushelfen?"

Er warf auch einen begehrlichen Blick auf die getrockneten Bananen, die würden gut in die Suppe passen. Kibo gab ihm Feuer und, da er seinen Blick zu den Bananen sehr wohl richtig interpretierte, schenkte er ihm auch ein paar Bananen.

Auf halbem Weg nach Hause, dachte sich Mawenzi, dass ein paar Bananen ja recht gut und schön seien, ein paar mehr wären aber auch nicht schlecht. Er löschte daher das Feuer wieder aus und kehrte zurück zu Kibo: „Guten Tag, Verehrtester, leider ist mir unterwegs das Feuer ausgegangen." Kibo gab ihm nochmals einige Stücke aus der Glut und schenkte ihm wieder einige Bananen.

Wieder auf halbem Weg, dachte sich Mawenzi: „Durch die ewige Hin- und Herlauferei wird man ganz schön hungrig, noch ein paar Bananen sind vonnöten", löschte die Glut und kehrte zum Kibo zurück: „Guten Tag, Verehrtester, das Feuer

Mawenzi

ist schon wieder...", weiter kam er nicht. Kibo hatte den eigentlichen Begehr des Mawenzi bereits bei seiner ersten Rückkehr durchschaut und war nun äußerst erbost über dessen Unverfrorenheit. Mit raschem Griff nahm er den Stößel aus dem Mörser und prügelte damit den Mawenzi von seinem Hof, ohne ihm wieder Feuer gegeben zu haben.

Bedenkt man, dass solch ein Stößel selbst im Reich der Menschen eine Länge von 1,5 m hat und ungefähr oberarmdick ist, nimmt es nicht verwunderlich, dass der Mawenzi so aussieht, wie er eben aussieht.

Diese Sage entstammt der Sagenwelt der Bewohner der westlichen Kilimanjaroseite, also der Machame. Sie nennen den Mawenzi daher auch Mawenge – „der Zerschartete/Zerfurchte". Interessanterweise verfügen die auf der Ostseite lebenden Chaggas über eine fast identische Sage. In diesem Fall holt sich Mawenzi Feuer für seine erloschene Pfeife.

Beeindruckend an dieser Erzählung ist, dass sie sich grundsätzlich mit der geologischen Wirklichkeit deckt. Das Feuer als Mittelpunkt der Geschichte weist eindeutig auf die vulkanische Tätigkeit beider Berge hin. Dass zuerst dem Mawenzi das Feuer ausging, ist auch korrekt; im Gegensatz zum Kibo, der ja nach wie vor als aktiv bezeichnet werden kann, erlosch der Mawenzi schon vor etwa 400.000 Jahren.

Über den Ursprung dieser Sage herrscht innerhalb der Sagenforschergilde Uneinigkeit. Haben die Chaggas, die ja erst seit höchstens 400 Jahren hier siedeln, den Text von ihren Vorläufern am Berg übernommen – wer aber waren diese? Wo gingen sie hin? Dazu siehe allerdings weiter unten. Hatten diese einen Ausbruch miterlebt? Oder haben die Chaggas selbst einen kleinen Ausbruch über sich ergehen lassen müssen? Nicht nur manch geologische Formation deutet darauf hin, eine weitere Chagga-Sage kann ebenfalls dahingehend interpretiert werden.

Vor langer, langer Zeit versuchten zwei Weiße den Kibo zu ersteigen und siehe da, der Versuch war von Erfolg gekrönt, die beiden erreichten ohne größere Probleme die Spitze. Übermütig geworden, versuchten sie, einen Stein loszubrechen. Im selben Moment fuhr Feuer aus dem Berg und vernichtete die beiden – soviel zur Heimtücke des Kilimanjaro.

Das Bestiarium des Kilimanjaro

Die feuerspeienden und füßeverwirrenden Kreaturen habe ich schon kurz bei der „Legende vom silbernen Gipfel" erwähnt. Diese bösartigen, dem Swahili-Kulturkreis entsprungenen Monster sind aber nur ein bescheidener Anfang.

▷   Die Chaggas berichten von der riesigen **Kuh „Räli"**. Sie bewohnt ziemlich weit oben am Berg eine Höhle, die sie zur Gänze ausfüllt, lediglich der Schwanz lugt aus der Höhle heraus. Am Schwanz befinden sich viele Zotteln, die ein Fett enthalten, das gar köstlich nach Honig schmeckt und wundersame Kräfte verleiht. Kein Wunder, dass es heiß begehrt ist. Man schleicht sich an, schneidet am besten blitzartig einige Zotteln ab und sucht noch blitzartiger das Weite. Aufgrund der Enge in der Höhle kann sich die Kuh nur langsam umdrehen, dann aber erhebt sich ein Gebrülle, das wie ein Orkan über die Hänge des Kilimanjaro hinunter in die Steppe fegt. Keine Frage, dass dabei meist der Zotteldieb mitgefegt und am harten Steppenboden zerschmettert wird.

„Räli" hat aber auch ihre guten Seiten. Mit ihrem Zottelfett stärkt sie die Sonne, sodass sie nach der wolkenverhangenen Regenzeit wieder kraftvoll scheinen kann; deshalb darf man ja auch nur einige wenige Zotteln für den Eigenbedarf abschneiden. Wird „Räli" getötet oder nur entführt, so bricht ein endloser Regen an, der alle Menschen am Kilimanjaro tötet.

Als die ersten Europäer begannen, diesen majestätischen Berg zu ersteigen, fragten sich die Chaggas, wozu dieses merkwürdige Unterfangen dienen soll. Ein schlauer Kopf fand die Antwort: „Die Weißen suchen Räli und wollen sie mit nach Hause nehmen wegen des Zottelfetts". Kein Wunder also, dass zumindest anfänglich die Kooperation der Chaggas nicht oder nur widerwillig gegeben war und bis tief ins 20. Jh. hinein immer beim jeweiligen Chagga-Oberhaupt um Erlaubnis zur Besteigung nachgesucht werden musste – die nicht immer erteilt wurde.

▷   Eine andere Höhle bzw. ein großes Loch im Berg befindet sich noch weiter oben. Elefanten, die ihren Tod fühlen, suchen sie auf und stürzen sich hinein. Naturgemäß ist diese Höhle daher mit reichlich **Elfenbein** gefüllt. Da sich die Höhle nicht an den aktuell begangenen Routen befinden kann – das hätte sich ja längst in allen Zeitungen der Welt herumgesprochen – wende ich mich mit einer dringlichen Warnung an die mit Seilen und Haken bewaffneten Kletterer, die in abgelegenere Gegenden vordringen. Wenn Sie diese Höhle zufälligerweise finden, können Sie ohne Weiteres hineinklettern, Sie dürfen aber nicht nach dem größten Stoßzahn suchen oder auch nur einen einzigen Gedanken an die Möglichkeit der Hebung des gesamten Schatzes verschwenden – Sie würden sofort mit Blindheit geschlagen werden und am Grunde dieses Loches elend umkommen. Lediglich einmal dürfen Sie wahllos in den riesigen Berg von Knochen und Elfenbein greifen, halten Sie einen Stoßzahn in Händen, gehört er Ihnen (bedenken Sie aber die Einfuhrbestimmungen in Ihrem Heimatland).

Noch ein heißer Tipp am Rande: Als die Ökologie am Kilimanjaro noch in Ordnung war, also vor ca. 100 Jahren, war der Regenwald und auch die Moorlandzone der westlichen Hänge von sehr großen Elefantenherden besiedelt. Ich würde also die Suche nach diesem Elefantenfriedhof hier beginnen, am Shira vielleicht.

▷   Am Gipfel des Kibo wohnen die Wadarimba, auch Wakonyingo genannt. Es sind dies die allerersten Bewohner des Kilimanjaro, **Zwerge** mit riesigen unförmigen Köpfen. Sie konnten sich nur schlecht gegen das nachdrängende Menschengeschlecht wehren, wichen daher zurück. Das Leben im ewigen Schnee macht ihnen aber nichts aus. Nur die steilen und schroffen Felswände machen ihnen zu schaffen, sie haben daher überall Leitern angebracht. Manche dieser Leitern führen über den Kibo hinaus bis in den Himmel. Sie opfern ihren Ahnen kleine Fleischstückchen. Bei starkem Wind werden diese bergab geweht und verwandeln sich in Krähen. Necken Sie diese Krähen nicht über Gebühr, sonst sind Sie das nächste Opferfleisch! Ansonsten sind die Zwerge dem Menschengeschlecht aber freundlich gesinnt und haben schon manchen Wanderer aus Bergnot gerettet.

▷   Eines der grässlichsten, wenn nicht gar das grässlichste Ungeheuer des Kilimanjaro überhaupt ist der Irimu. Es handelt sich dabei um einen riesigen, lindwurmähnlichen **Drachen**, der sich von Chagga-Kindern ernährt. Dieses Biest ist die personifizierte Heimtücke und Hinterhältigkeit zugleich – es kann sich nämlich in Menschengestalt verwandeln. In dieser Form lockt es Kinder mit unglaublichen Versprechungen in seine Höhle, verwandelt sich wieder zurück in seine ursprünglich Gestalt und verschlingt die armen Kleinen. Irimu muss allerdings Obacht geben, dass die Kinder während der Entführung nie Sichtkontakt mit dem elterlichen Heim haben, in diesem Fall können die Kinder nämlich doch entkommen, und er bleibt hungrig.

Bevor Sie nun diese Erzählungen als Unfug früherer Zeiten mit einer womöglich noch verächtlichen Handbewegung abtun oder als Hirngespinste abergläubischer, furchtsamer Menschen milde belächeln, möchte ich einen Bericht über ein eher merkwürdiges Geschöpf am Kilimanjaro anführen, dessen Protagonisten weder Chagga noch Swahili noch Massai, sondern angeblich rational und fortschrittlich denkende Europäer sind.

▷   Am 22.12.1938 erblickte die Zoologin Dr. Marjorie Courtenay-Latimer am Fischmarkt in East London/Südafrika einen ihr gänzlich unbekannten Fisch von höchst merkwürdigem Aussehen. Sie konnte ihn nicht einordnen und holte postalisch Rat bei ihrem Lehrer J. L. B. Smith, Professor an der Uni Grahamstown (ebenfalls Südafrika) ein. Smith erkannte anhand der von Courtenay-Latimer angefertigten Skizze den Fisch augenblicklich als *Coelacanth*, als **Quastenflosser**. Ein Tier, das seit ca. 70 Mio Jahren hätte ausgestorben sein sollen – eine Sensation. Schade nur, dass das Original zwischenzeitlich verfault war, nur die harten Skeletteile waren übrig geblieben. Es waren aber genügend, um Courtenay-Latimer wie Smith auf ewige Zeiten berühmt zu machen.

Doch Smith wollte mehr, er wollte einen vollständigen *Coelacanth* studieren und beschreiben. 1948 ließ er ein Flugblatt drucken und in ganz Ostafrika verbreiten, das demjenigen, der ihm einen weiteren *Coelacanth* überreichen konnte, £ 100 versprach. 1952 hatte er endlich Erfolg, Smith erhielt einen solchen Fisch von den Komoren. Es stellte sich auch heraus, dass diese Fischart auf diesen Inseln wohl bekannt war. Leider war auch dieses Exemplar nicht als vollständig zu bezeichnen. Smith wandte sich anschließend 1953 in einem Artikel im Fachmagazin „Nature" an die Kollegen der Fachwelt und bat um weitere, fachgerecht konservierte Exemplare. Daraufhin brach unerwarteter Weise eine wahre Sintflut von Reaktionen über Smith herein. Wir wollen davon lediglich eine herausgreifen:

Eine Verwandte eines deutschen, nahe dem Kilimanjaro wirkenden Missionars, dessen Namen wir bewusst verschweigen, berichtete, sie hätte mehrfach vom Vorhandensein von Flugsauriern am Kilimanjaro gehört. Erst vor kurzem hätte man eine solche Kreatur nahebei vorüberfliegen sehen. Bahnte sich da eine weitere Sensation an? Wenn der *Coelacanth* rund 70 Millionen Jahre unentdeckt in den Gewässern der Komoren überleben konnte, warum nicht auch ein Flugsaurier am Kilimanjaro? Nach dem Erfolg mit dem Quastenflosser war für Mr. Smith definitiv auch das Überleben von Sauriern möglich. Er konnte leider deren Vorhandensein am Kilimanjaro nicht mehr beweisen, zu früh schied er aus dem Leben.

Flugsaurier sind keine engeren Vorfahren der Vögel, sondern flugfähige Reptilien. Innerhalb der letzten 40 bis 50 Jahre wurden sie und auch andere vorsintflutliche Wesen regelmäßig in Afrika gesichtet. Unbestätigte Berichte stammen aus Namibia, dort machte sich Dr. Marjorie Courtenay-Latimer höchstpersönlich auf die Suche, aber auch aus Madagaskar, Sambia, Kenia, Angola, Kongo und Kamerun. Im Südwesten Tansanias im Ngozi-Kratersee lebt z. B. das nächste riesige Reptil.

Zoologen, die sich mit dem Überleben von Sauriern und anderen unerklärlichen tierischen Phänomenen beschäftigen, werden Kryptozoologen genannt. Unter diesen befinden sich ausgebildete Wissenschaftler ebenso wie gebildete Laien, allesamt werden sie von den restlichen Zoologen nicht für ganz voll genommen. Für Kryptozoologen ist das Vorhandensein von flugfähigen Sauriern in Afrika eine Tatsache, die einzige Frage, die sich für sie stellt, ist die, ob es Flugsaurier sind oder eher Riesenfledermäuse. Falls es sich um Flugsaurier handelt, so steht der *Pterodactylus/Flügelfinger* im Mittelpunkt des Interesses. Also Obacht geben bei der nächsten Wanderung und Kamera schussbereit halten, vielleicht gelingt Ihnen das Jahrtausendfoto.

Relativierung

Gemeinhin wird publiziert, Claudius Ptolemäus habe in seinem berühmten Werk „Geographike syntaxis" als erster Mensch einen „großen, schneebedeckten Berg" im Hinterland der ostafrikanischen Küste erwähnt. Gemeinhin wird auch angenommen, es könne sich dabei nur um den Kilimanjaro handeln.

Man muss jetzt aber wissen, dass Ptolemäus in seinem epochalen Werk „nur" das gesamte geografische Wissen seiner Zeit kompilierte. Einer seiner hauptsächlichen Informanten war dabei ein im Jahr 114 erschienenes Buch mit dem schönen griechischen Titel „Diorthosis tabulae geographie" des Marinos von Tyros. Dieser lebte ca. 70 Jahre vor Ptolemäus und war ebenfalls Geograf. Manche meinen, er sei sogar bedeutender als Ptolemäus.

Ptolemäus verschweigt mitnichten seine Quelle und zitiert laufend. Via Ptolemäus erzählt uns Marinos von einem griechischen Kauffahrer mit Namen Diogenes. Dieser war auf dem Rückweg von Indien nach Byzanz. An der Ostküste Afrikas verschlug ihn ein Sturm 25 Tagesreisen südwärts. Er landete im Land der Troglodyten, hier fand er die Quelle des Nils. Weiter berichtet Marinus via Ptolemäus, dass Diogenes ausgedehnte Reisen weiter nach Süden bis Sansibar und auch ins Landesinnere unternahm – dort erblickte er den Schneeberg!

Somit erwähnt Marinus den Kilimanjaro erstmals, Ptolemäus fällt auf Platz zwei zurück. Auch Rebmann verliert seinen Platz am Siegerpodest, Diogenes war der erste Europäer, der den Kilimanjaro sah.

Einige Autoren sind allerdings auch der Meinung, dass Marinus mit „Schneeberg" den Ruwenzori gemeint haben musste. Die andere Seite hält dagegen, dass Diogenes den weiten Fußmarsch von der Küste bis dorthin nicht habe schaffen können – es muss der Kilimanjaro gemeint sein. Solange keine weiteren Quellen das Licht der Welt erblicken, wird die Diskussion aber weitergehen, und wir bleiben bei der üblichen Lesart. Wir halten Sie aber auf dem Laufenden.

Ob nun Diogenes oder Rebmann den „Schneedom Afrikas" zuerst sah, ist letztendlich eigentlich ziemlich nebensächlich – Hauptsache ist, Ihnen, sehr verehrter Leser, sehr verehrte Leserin, gelingt der Gipfelsturm.

2007 Kilimanjaro Relaxed

Im Februar 2007 waren die Straßenbauarbeiten zwischen der Ortschaft Tarakea und der Grenze zu Kenia in vollem Gange. Das nötige Kleingeld dafür, ca. 80 Mio. US$, wurde gegen Ende 2006 von der African Development Bank Group bewilligt – und da sagen die Leutchen in Europa immer wieder, in Afrika gehe nichts voran.

Wir durchfuhren also alle Stadien des Straßenbaues – höchst lehrreich, aber auch höchst staubig. Und, wie nicht anders zu erwarten, blieb unser Fahrzeug – ein Toyota-Kleinbus; der versprochene allradgetriebene Landcruiser war leider außer Gefecht gesetzt – in der noch nicht verdichteten obersten Tragschicht stecken. Zuerst versuchte unser Fahrer Constantine mit brachialem Vollgas, das Fahrzeug wieder in Schwung zu bringen – natürlich Fehlanzeige. Dann versuchten wir – *Guide* George, *Assistant-Guide* Gabriel, Koch Nelson, Träger Fred, mein Freund Simon und meine Wenigkeit – das Fahrzeug zu schieben – ebenfalls Fehlanzeige. Erst als Constantine in einer Art Tobsuchtsanfall alle Schaulustigen – Arbeiter, Passanten – zum Mithelfen antrieb, wurden wir wieder flott. Um das Schieben und Zerren ordentlich zu unterstützen, gab Constantine unentwegt Vollgas – nicht unbedingt zur Freude der Schiebenden, welche in einer schwarzen Abgas- und Staubwolke verschwanden. Für die vielleicht 300 bis 350 m lange Strecke – loses Schotter-Sand-Gemisch – benötigten wir nichtsdestoweniger annähernd eine Stunde – diese Verzögerung war aber nicht die einzige an diesem Tag.

Die erste Stunde unserer wertvollen Zeit hatten wir bereits in Tarakea selbst verloren. Für uns Touristen war eine lunch-box mitgenommen worden – Sandwiches, hart gekochtes Ei, einige Körnchen Salz in Alu-Folie, Obst, Muffin – und deren Inhalt musste natürlich unbedingt mittags verzehrt werden, da ging kein Weg dran vorbei. Als wir um 11:45 Tarakea erreicht hatten, hielten wir daher bei der Snow Cap Bar und machten es uns im äußerst heimeligen Garten bequem. George, Gabriel und Nelson gesellten sich zu uns und bestellten Mtori ya Ndizi, Bananensuppe. Obwohl ich Mittagessen für eine absolut entbehrliche Mahlzeit halte – leider bin ich da immer der Einzige – tat ich es ihnen gleich, denn Bananen esse ich unglaublich gerne.

Simon war das erste Mal in Afrika, wollte also nicht unbedingt dem kulinarischen Experiment huldigen und wartete lieber Ei schälend ab. Nach 10 Minuten kamen die bestellten Getränke – George war ein Feinspitz und trank Guiness – die dampfenden Suppenschüsseln kamen eine halbe Stunde später. Gut Ding braucht eben Weile. Simon kostete von meiner Bananensuppe und bereute sofort seine Vorsicht zutiefst. Leider biss er mit seinem Vorschlag „Tausche meine lunch-box gegen Deine Suppe" bei mir auf Granit.

Obwohl es am Morgen vergleichsweise rasch gegangen war – wir hingen der Planung nur eine Stunde nach und starteten in Marangu um 9:00 – hatten wir bis jetzt schon insgesamt zwei Stunden verjuxt.

Und dann kam noch Naremoru Village! Das Problem war bereits an der Abzweigung zum Gate – hier liegt das Dorf; eigentlich eine Werk-siedlung für die Arbeiter der Pinien-Zypressen-Plantage – klar ersicht-lich. Das steil zum Gate bergan führende, ca. 1 km lange straßenähnli-che Etwas war furchtein-flößend. Selbst einem blutigen Fahranfänger musste klar sein, dass ein Durchkommen mit un-serem Kleinbus durch

Naremoru-Village, Straßenzustand von der Hauptstraße zum Gate

diesen vom Regen ausgewaschenen, zerfurchten und zerschrundenen, mit Unmengen an Geröll bis hin zu veritabler Felsengröße übersäten Mutterboden nicht möglich sein konnte. Doch Constantine war aus anderem Holz geschnitzt. Wild entschlossen gab er Gas und holperte fröhlich drauflos. Ich wagte noch zu fragen, ob es nicht besser sei, dass wir ausstiegen. „Hakuna matata/kein Pro-blem", war die Antwort, es war nicht anders zu erwarten.

Für die erste Hälfte der Strecke benötigten wir eine halbe Stunde; dreimal blie-ben wir stecken, stiegen aus, schoben, zerrten, fluchten. Schaulustige waren in großer Zahl vorhanden, doch diesmal half uns niemand, da nutze auch das Gebrüll von Constantine nichts. Wahrscheinlich dachte sich jeder „Selbst schuld!". Wir stiegen ein viertes Mal aus und gingen zu Fuß bis zum Gate – 10 Minuten.

Die durchschnittliche Crew-Größe für zwei Touristen: ein Guide, ein Assistant Guide und sieben Träger (einer fehlt im Bild)

Gabriel, Nelson und Fred trugen einen Teil des Gepäcks hinauf, der Rest wurde dann von hier angeheuerten Trägern geholt. Als am 1.950 m hochgelegenen Gate der Papierkram erledigt war – der zuständige Ranger gab sich bei unserer Ankunft gerade einem Schläfchen hin und war mehr als verärgert über uns späte Ankömmlinge – zeigte die Uhr einige Minuten vor 15:00. Obwohl einem nach Dutzenden von Aufenthalten in Ostafrika zwar eine bestimmte, aus der allgegenwärtigen Negation der Zeit gewonnene Langmut innewohnt, war eine um annähernd 100 % überschrittene Anfahrtszeit doch etwas viel und ich begann langsam sauer zu werden. Immerhin wollten wir an diesem Tag noch das knapp 700 m oberhalb gelegene Simba Camp erreichen.

Unser *Assistant Guide* Gabriel erledigte den Papierkram für die Mannschaft, heuerte Träger an, befehligte das fachgerechte Einpacken der Gepäckstücke, überwachte die Verteilung der Lasten, kam zwischendurch zu uns – wir lungerten wartend in der Wiese herum und schauten Löcher in die Luft – und informierte uns, dass es jetzt, na ja, in einigen Minuten zumindest, losgehen werde – „Hakuna matata" – wieselte wieder zurück, zerrte hier ein bisschen, rückte dort ein bisschen zurecht, kurzum: war ziemlich beschäftigt. *Guide* George hingegen war nirgends zu sehen. Wir fanden ihn schnell im Office des Rangers, wo er sich mit diesem einem Pläuschchen und einem Bierchen hingab. Das war denn doch etwas übertrieben! Immerhin hatten wir schon gute drei Stunden verloren und er vertrödelte unsere Zeit. Da brüllen und keifen in dieser Situation sicher nicht hilfreich sein konnte – bei einem Streit schon am ersten Tag verlöre entweder er oder ich das Gesicht vor der Mannschaft, beides wäre schlecht – machte ich ihn artig, aber bestimmt darauf aufmerksam, dass es schon ziemlich spät sei und wir – Simon und ich – nun losmarschieren würden. Er könne uns dann ja ein- bzw. überholen, der Weg sei sowieso nicht zu verfehlen. Diese Breitseite saß punktgenau, denn ein *Guide* darf seine *Clients* nie aus den Augen lassen. Wenn er jedoch noch unbedingt sein Bierchen leeren muss, darf er diese Aufsichtspflicht dem *Assistant-Guide* überantworten. Eine Minute später hatte bereits Gabriel die Aufsicht übernommen und wir marschierten zusammen los.

Die ersten Minuten bewegt man sich noch durch die Pinien-Zypressen-Plantage, dann folgen Felder – Mais, Kartoffeln, Hülsenfrüchte. Offiziell ist für die Bewohner Naremorus Landwirtschaft bis zur 2.000-m-Linie gestattet – nur für diese und nur für den Eigenbedarf. Ich bin aber überzeugt, dass diese Zone der Agrikultur erst 200-300 Höhenmeter später endet. Der Schönheit dieser Route tut dieser kurze Ausflug in die Agrarwirtschaft keinen Abbruch. Unberührte Natur folgt noch genug. Das einzig wirklich Schmerzliche war der unglaublich schlechte Zustand des Weges (eigentlich war es eine Straße) – genauso wie das straßenähnliche Etwas zum Gate. Aber da dieser Zustand lediglich 2 % der Gesamt-Gehzeit ausmacht, lässt er sich locker verschmerzen.

Wir waren trotzdem froh, als wir nach einer scharfen Rechtskurve den Regenwald erreicht hatten. Rein akademisch, botanisch betrachtet, ist die Regenwaldzone in 8 Minuten durchschritten – ich habe das genau gestoppt! Danach beginnt mit dem Auftauchen des ersten Erika-Gewächses bereits der Übergang zur Heidezone. Dem Staunen und Wundern tut das aber keinen Abbruch; Simon ist sowieso botanischer Laie – erst beim abendlichen Rekapitulieren des Tages klärte ich ihn auf – und ich lege diese strenge Systematik bereits nach den ersten fünf Bäumen ad acta. Zu sehr liebe ich diese Region, in der das pralle Leben herrscht, wo nichts verschwendet wird, wo alles – jeder Wassertropfen, jedes noch so kleine Staubkorn – seine Funktion hat und auch erfüllt. Nichts kommt der Klimaxgesellschaft in ihrem

Die erste Stunde der Rongai/Naremoru Route ist geschafft — nun wird's fantastisch

ursprünglichen Sinne näher als der Regenwald – auch wenn es hier hundertmal eine Übergangszone ist. Es ist einfach ein tolles Gefühl, hier marschieren zu dürfen – zumindest ab Ende der Landwirtschaft eine regensichere Wegkonstruktion unter den Füßen, rechts und links des Weges dichtester Wald, mal mit Wuchshöhen von bis zu 15, 20 m, seltener kleine Einsprengsel mit Höhen bis zu 30 m, mal dichte, etwas niedrigere Busch-Bestände mit nur vereinzelten Bäumen; mal Halbschatten; mal fast Dunkelheit, dann wieder lichtdurchflutet, praktisch nie pralle Sonne; mal dunkelgrün, mal graugrün, mal blaugrün; mal riecht's nach Pfefferminze, mal nach Moder und Pilzen, dann wieder frisch nach Gras. Ungezähmtes, Ungebändigtes! Dass wir auch ziemlich frische – nach Gabriel ca. 2-3 Stunden alte – Büffelfährten und ebenso frischen Elefantendung mitten am Weg zu Gesicht bekamen, gefiel mir weniger. Was tun, wenn solch ein Ungetüm plötzlich leibhaftig vor einem steht? „Lärm machen und ab ins Gebüsch", meinte Gabriel. Als uns George mit den Trägern überholte, fragte ich ihn ebenfalls: „Ruhig am Weg stehen bleiben, die weichen aus", meinte dieser.

Knapp eine Stunde nach Beginn des Waldes erreichten wir definitiv die Heidezone mit Wuchshöhen bis zu ca. 2 m. Bei einer Gesamtwegesbreite von annähernd 1,5 m inkl. seitlicher Drainage bedeutete dieses ein Wandern in praller Sonne. Simon wollte seine Sonnencreme „noch nicht" verwenden – sein Sonnenbrand an Lippen und Nase nahm trotz Bewölkung daher hier seinen Anfang, noch eine Woche nach der Besteigung sah er mehr als bemitleidenswert aus.

15 Minuten später erreichten wir den *picnic-site* mit Plumpsklo an der ersten Brücke, die einen Nebenfluss des Naremoru River überspannt. Wir hielten hier eine Viertelstunde; Simon leerte beide *lunch-boxes*, ich gab mich einer Zigarette hin. Offensichtlich sah das der Geist des Berges nicht gern, als Warnung schickte er bereits nach dem ersten Zug Regentropfen. Februar ist zwar Höhepunkt der kleinen Trockenzeit Kaskazi, doch das Klima scherte sich in diesem Jahr keinen Deut darum. Seit Dezember regnete es täglich ein- bis zweimal – gut für die Landwirtschaft, schlecht für die Straßen und auch für die Wanderer am Berg. Wir hatten zwar überlegt, die Besteigung ans Ende unseres Aufenthaltes zu verlegen – irgendwann muss doch der Regen enden – entschieden uns dann aber aus dem Bauch heraus doch anders. Diese Entscheidung erwies sich als goldrichtig, denn die Regenfälle wurden gegen Ende der Trockenzeit noch heftiger.

Kurz darauf hatten wir den spärlichen Regen schon wieder vergessen. Mit ein Grund war sicherlich die Schönheit der Gegend – Fackellilien, mannshohe Disteln in voller Blüte, wieder kitzelte eine Pfefferminz-Art die Nasen, die formschönen Carex-Grasbüschel zeugten von der Nähe der Moorzone, hin und wieder breitete sich auch schon ein weißer/gelber Helychrysum-Teppich aus, glockenblumenähnliche Pflanzen erfreuten das Auge und der Weg als solcher war nach wie vor perfekt. Die Steigung immer noch erträglich, vielleicht um einen Tick steiler als im Wald.

Helychrysum sp. am Weg zum Kikilelwa Camp

Wir passierten noch eine Brücke und 20 Minuten danach die letzte, dritte dieses Tages. Nur diese führt wirklich über den Naremoru River. Knapp 2 Minuten danach erreichten wir das Simba Camp, erkenntlich an mehreren aufgestellten Zelten. Zu unserem nicht geringen Erstaunen zogen wir daran vorbei. Das rätselhafte Verhalten Gabriels war schnell geklärt. Im undurchdringlichen Busch der Heidezone waren hier mehrere voneinander getrennte Flächen gerodet worden. Der Sinn liegt darin, die einzelnen Wandergruppen zu separieren, sodass zumindest der Eindruck von „allein am Berg" entstehen kann. Die erste gerodete Fläche war von einer 7-köpfigen britischen Gruppe und deren Crew belegt, uns wurde die zweite Fläche zugewiesen. Insgesamt waren ca. 60 bis 65 Personen anwesend, da auf der nächsten Fläche noch eine vierköpfige, ebenfalls britische Gruppe campierte. Dennoch hatten wir das subjektive Gefühl, alleine zu sein – tolle Anlage, fast auf die Minute genau 3 Stunden nach Abmarsch erreicht.

Unser Zelt war bereits errichtet, die Rucksäcke lagen daneben und es war sonnenklar, dass das Platzangebot im Zelt entweder nur für uns oder nur für das Gepäck reichen konnte. Da aber Kumula in seiner Doppelfunktion Träger-Kellner mit Tee für Simon, Kaffee für mich, einer großen Schüssel Popcorn und zwei Muffins anrückte, schoben wir das Problem vorerst beiseite. Kaum hatten wir die ersten Tassen getrunken, kam Wind auf und es begann leicht zu regnen. Jetzt tat Eile Not, denn die tiefschwarze Bewölkung ließ Unerfreuliches ahnen. Schnell ins Zelt. Halt, das Gepäck! Simon spurtete zu den Trägerzelten und organisierte die wasserdichten Kunststoffsäcke, in denen die Rucksäcke bis hierher getragen worden waren. Schnell die Rucksäcke hinein und ins Gebüsch gedrückt, Tagesrucksäcke in den Apsiden verstaut, Zelt geschlossen – eine Sekunde später brach ein wahrer Wasserfall über uns herein. Nach nicht einmal einer Minute stellte sich heraus, dass der Boden des Zeltes nicht wirklich dicht war. Vorsorglich hatten wir zwar beiderseits alubeschichtete Unterlegmatten mitgenommen, die waren aber – gemeinsam mit Schlafsäcken und Iso-Matten – noch in den Rucksäcken. Scheiße!!!

Glücklicherweise ließ der Regen nach ca. 30 Minuten nach und hörte dann ganz auf. Raus aus dem Zelt, Rucksack durchwühlen – ich hasse es – Alu-Matten ins Zelt gebracht, vier Iso-Matten darüber verteilt, Schlafsäcke ausgerollt. Fertig! 10 Minuten später servierte Kumula bereits in absoluter Dunkelheit das Dinner – getoastetes Toastbrot, Margarine, Zucchini-Creme in Thermos-Terrine, Fisch im Backteig mit Gemüsesauce und Pommes, Peptang-Tomatensauce und Red-Gold-Chillisauce in der Flasche, ein Spürchen vom Salze, Tee/Kaffee, eine Kerze flackerte im Abendwind – Phoebos Apollon sei Dank, wir hatten unsere Stirnlampen dabei, und Demeter sei Dank gesagt, dass wir über einen geradezu furchtbaren Appetit verfügten und alles in ziemlicher Eile hinunterschlangen. Denn es dauerte keine halbe Stunde, bis der Regen zurückkehrte – ab ins Zelt. Gabriel versäumte es trotzdem nicht, uns über den Ablauf des nächsten Tages zu informieren – ein Ritual.

6:30 erwachten wir, um 7:30 saßen wir nach der Morgentoilette – wie bei Ankunft am Camp ist auch frühmorgens die Reichung von Heißwasser obligat – schon beim Frühstück – Tee/Kaffee, Kakao, Energy-drink-Powder, Toastbrot, Margarine, Honig, Marmelade, Erdnussbutter, Käse, Obst, Eier, gebratene Würstchen oder Speck; Porridge bzw. Cornflakes lehnten wir beide ab. Strahlend blauer Himmel spannte sich über uns, der Kibo glänzte zur Rechten, Mawenzi drohte zur Linken, sich umdrehend erblickt man die Weiten des kenianischen Tieflandes – Herz, was willst du mehr? Na ja, etwas wärmer könnte es sein!

Gabriel hatte das Geschehen voll im Griff. Kaum hatten wir das Frühstück hinter uns gebracht und den Rucksack fertig gepackt, war das Camp auch schon abgebrochen, wurden wir mit *lunch-boxes* beglückt und alle waren abmarschbereit. George war nirgends zu sehen. So langsam fragte ich mich, ob es da bei der Vorstellung nicht eine Verwechslung gegeben haben könnte und eigentlich Gabriel der *Guide* war.

Wir marschierten gegen 9:00 bei schönstem und mittlerweile auch warmen, Wetter los – zuerst marschierten die Träger ab, dann eilte der doch noch aufgetauchte George eilig voraus, dann ich, hinter mir Simon, den Abschluss bildete Gabriel. Die beiden britischen Gruppen waren bereits vor uns abmarschiert, wir hatten also unsere heilige Ruhe während der Wanderung, die so begann wie sie am vorausgegangenen Tag geendet hatte: Einwandfreie Wegkonstruktion, prächtigste Heidelandschaft, viele blühende Blumen, Erika-Gewächse mit Höhen bis zu 2,5 m, Adlerfarne, größere Bäume

Die erste Büffelfährte am Weg

kamen nur vereinzelt vor, Büffelfährten waren auch da. Als Neuerung kamen große Bestände von Protea kilimanjarica mit ihren brutalen Blüten dazu, auch Suhlplätze von Wildschweinen und Wildhundfährten. Allen Göttern und Teufeln dieser Erde spreche ich hiermit Dank aus, dass uns eine direkte Begegnung mit diesen Tieren auch an diesem Tag erspart geblieben ist. In meinem tiefsten Inneren glaube ich aber sowieso, dass die Tiere ganz einfach vor dem Lärm – und Gestank? – der Menschen Reißaus nehmen und ins Gebüsch fliehen, lange bevor man sie überhaupt zu Gesicht bekommt. Aber Sie wissen ja, wie das so ist mit dem Restrisiko.

Nach einer Stunde Wanderung wurden die Pflanzen allmählich niedriger (teils aufgrund der Höhe, teils auch aufgrund von Buschfeuern), nach zwei Stunden waren die Erika-Bäume zu Erika-Gebüsch mutiert – 0,5 bis max. 0,75 m hoch –, welches sich mit weiten Grasflächen die Landschaft teilte. Und zur farblichen Auflockerung war diese mit unendlich vielen tiefschwarzen Lavablöcken schön getupft.

Gegen 13:30 erreichten wir die größte Höhle des „Zweiten Höhlenkomplexes"/Second Caves auf ca. 3.450 m. Der Platz ist der Lunch-Platz schlechthin, mit Bänken, Tischen und Plumpsklo. Hier stießen wir auch wieder auf George, dessen Verhalten immer rätselhafter wurde. Er ging immer voran und zwar weit voran, war peinlichst darauf bedacht, zwischen sich und dem Rest der Gruppe 200-300 m Abstand zu halten. Simon und ich gingen mit Gabriel, und wenn ich dessen Auskünfte überprüfen wollte, musste ich George immer nachlaufen. Lästig! Dass er ein eher einsilbiger Kerl war, wurde uns von vornherein mitgeteilt, dass er aber überhaupt nicht sprechen wollte, war verblüffend. Am liebsten wanderte er anscheinend allein.

Bei Beginn dieses Höhlenkomplexes endete der ausgezeichnete technische Ausbau des Weges, bis hierher war auch die Steigung etwas größer als am Vortag. Ab nun beschritten wir einem schmalen Pfad, teils Erdreich, teils Lava-Schutt, sehr selten Geröll. 20 Minuten nach der Höhle wird wieder der Naremoru River überquert. Es war ein leicht zu beschreitender Weg, der in lang auslaufenden Wellen verlief – mal 10 Höhenmeter sachte hinauf, dann 5 m sanft hinunter, hinauf, hinunter. Lediglich einige steilere Täler werden durchschritten, aber auch das war kein Problem: 25 m hinunter, 28 hinauf, eben weiter, dann hin und wieder auch noch eine zu übersteigende Lavahalde – 10 m hinauf, 5 m hinunter. Am verblüffendsten war an diesem Teilstück jedoch die Kombination des milden Wegverlaufes mit der grandiosen Vegetation. Durchgehend eine gleiche Wuchshöhe von ca. 1,5 m, durchgehend die gleiche Pflanzengesellschaft – Heide vom feinsten. Würde man das als eintönig beschreiben, als einschläfernd oder gar als öde, läge man völlig falsch. Ich gebe eher dem Ausdruck kontemplativ den Vorrang; hier

Zweite/große Höhle des „2. Höhlenkomplexes". Ein üblicher Rastplatz. Der Büffel wurde unweit von dort gefunden.

nimmt – ob man will oder nicht – eine Art psychedelische Besinnlichkeit, fast Trance meinte Simon, von einem Besitz. Um über Sinn oder Unsinn des Lebens zu reflektieren, ist hier ein bestens geeigneter Ort. Unterstützt wurde dieser somnambule Zustand noch durch die Tatsache, dass ich mutterseelenallein war auf weiter Flur, Pardon: Heide. George war – wie immer – irgendwo, Gabriel und Simon dito. Es war schön, der allerallerletzte zu sein, keiner der mich überholen konnte, keiner, der sinnlose Fragen stellt: „Wie geht's?", „Wie weit ist es noch?".

Der plötzliche Anblick der Kikilelwa-Höhlen und somit des Camps auf ca. 3.600 m in geringer Entfernung wirkte direkt als Störfaktor. 20 Minuten später – kurz nach 17:00 – war es auch schon erreicht. Der Traum, dem Sinn des Lebens auf die Spur zu kommen, war aber vor allem dadurch zunichte gemacht worden, dass sich die Landschaft änderte. Die letzten ca. 250 bis 300 m führten durch einen kleinen Sumpf mit Grasbüscheln, und auch die ersten Senecien mussten bestaunt werden.

Das Procedere am Kikilelwa Camp glich dem des Vortages fast aufs Haar, nur kamen anstelle von Popcorn heute Erdnüsse und zum Dinner gab's Gemüsesuppe mit einem deutlichen Überhang von Knoblauch, Rindfleisch mit Gemüsesauce und Teigwaren vom Typ Hörnchen. Im Gegensatz zum Vorabend war jedoch der Himmel strahlend klar, mit Regen war nicht zu rechnen. Beide Gipfel waren von hier aus super zu sehen, allerdings befand sich der Kibo am Abend im Gegenlicht. Aufgrund der Kälte und der Feuchtigkeit – Nebel seit Ankunft! – krochen wir bald ins Zelt und schliefen ausgezeichnet.

Der dritte Morgen begann wie die beiden zuvor – erwachen 6:30, Heißwasser wird geliefert, Morgentoilette, 7:30: Alu-Klapptisch steht bereit, Hocker auch, Frühstück ist fertig. Kumula versuchte noch einmal – zum letzten Mal – Porridge oder Cornflakes an den Mann zu bringen. Lunch-boxes gab's heute keine, da das nächste Camp schon nach 3-4 Stunden erreicht werden würde. Beide Gipfel waren kurze Zeit herrlich zu sehen, dann kamen aber schnell die Wolken und vorbei war's mit der Herrlichkeit. Wie an den folgenden Tagen waren wir auch heute wieder die letzten, die aufbrachen – 9:10 Uhr. Unsere Devise hieß „pole, pole/langsam, langsam", das brauchte uns niemand erst beizubringen. Der Blick ins unendliche kenianische Tiefland blieb uns noch längere Zeit erhalten. Doch auch hier entlockten die Strahlen der höher steigenden Sonne dem Untergrund heißen Brodem, der die Weite gegen Mittag mit einer Dunstglocke überzog.

Nach der ersten Stunde Wanderung war die Heide/Moor-Vegetation nur mehr kniehoch – in erster Linie Erika-Gebüsch, vereinzelt noch stehende Erika-Bäumchen, Strohblumen, Moose, viel Gras, immer wieder schöne Senecien-Bestände. Und eine endlos erscheinende Menge an Lavabrocken von Kopf- bis Hundehüttengröße, wesentlich dichter gesät als am Vortag. Bezüglich Steigung muss gesagt werden, dass es nun fast schon anstrengend wurde. Der Kibo befindet sich rechter Hand, hin und wieder tauchte er – zumindest partiell – für einige Sekunden aus den Wolken. Der immer genau vor uns liegende Mawenzi ließ sich leider nie blicken. Der Pfad war nicht immer klar erkenntlich, und obwohl hin und wieder mit Steinmännchen markiert, machte sich *Assistant Guide* Gabriel – George war wie üblich irgendwo, weit voraus – im wahrsten Sinn des Wortes bezahlt. Neben ihm waren noch Nebelschwaden unsere ständigen Begleiter.

Nach rund 1,5 Stunden – kurz vor Halbzeit – hielten wir bei einem großen, allein stehenden Felsen eine kurze Pause. Simon bemängelte die Abwesenheit von *lunch-boxes* – es war verblüffend, was er verdrücken konnte. Ich rauchte eine „Sportsman" – es begann nicht zu regnen.

Kibo vom Kikilelwa Camp aus gesehen

2 Stunden nach Aufbruch war die Grenze zur Steinwüste erreicht, Gestein, Geröll, Felsen und Flechten in allen Farben bestimmten die Landschaft, hin und wieder noch ein paar Strohblumen, ein paar vereinzelte Grasbüschel und Nebel, Nebel, Nebel, ab und zu noch eine wagemutige Senecie – gespenstisch. Der Weg verflachte zusehends, manches Mal gingen wir sogar eben dahin. Nach insgesamt 2,5 Stunden waren ca. 500 m Höhenmeter geschafft, das Gröbste lag hinter uns. Es musste noch ein kleiner Lavahügel überschritten werden, welcher leichte Steigarbeit erforderte, dann ging's recht manierlich, d. h. ohne wilde Steigungen weiter, und um 12:30 waren der Mawenzi Tarn – ein flacher Weiher – und das gleichnamige Camp in 4.330 m Höhe erreicht. Wie das Kikilelwa Camp lag auch das wüste Mawenzi Tarn Camp in einer Senke, das versprach eine kalte Nacht.

Ach ja, die letzte Viertelstunde der Wanderung entließ der Himmel Wasser in Strömen – vielleicht war meine Zigarette doch unerwünscht gewesen – und es sollte noch lange nicht enden. Unser Zelt stand ca. 20 m vom Weiher entfernt im Schlamm, nicht sehr einladend, noch dazu mit undichtem Boden. Glücklicherweise existierte hier eine Rangerhütte mit einem Schlafraum und einem Aufenthaltsraum, wir nahmen das Angebot dankend an und aßen hier unseren Lunch – gebratenes

Gemüse, Pommes, Bohnensauce und Brathuhn. Der Anblick von vier unbenutzten Schlafstellen in der Hütte weckte unsere Begierde und sehr schnell waren wir mit den beiden Rangern – Nikodemus und Patrik – einig, dass wir zwei davon benutzen könnten. Danke, Freunde! Erst Stunden später, kurz vor Einbruch der Dunkelheit, rückten sie mit dem Anliegen heraus, ob sie denn nicht unser Zelt benutzen dürften? Obwohl ihnen die Wasserdurchlässigkeit des Boden ziemlich egal war, versorgten wir sie noch mit allen zur Verfügung stehenden Matten. Sie schiefen bis fast 9:00, was den Aufbruch der Träger am nächsten Tag etwas verzögerte.

Auf dem Weg vom Kikilelwa zum Mawenzi Tarn Camp. Zuletzt – mal zur Abwechslung – Guide George Elirehema.

Am späteren Nachmittag ließ der Regen nach und wir brachen zur Erkundung des Lagers und seiner näheren Umgebung auf. Aufgrund des nach wie vor ziemlich dichten Nebels und der beißenden Kälte – eher 2 ° unter Null als darüber – kamen wir jedoch nicht weit. Am meisten Eindruck hinterließen die Raben, die völlig ungeniert auf der Suche nach Speiseresten durchs Camp stolzierten. Zwischen ihnen machten sich Krähen, kleine gelbgrüne und graubraune kurzschwänzige Vögel breit und auch gestreifte Nagetiere vom Typus Maus. Verblüffend war auch die Tatsache, dass die Ranger – sie werden alle 10 Tage abgelöst – eigentlich nicht wussten, wozu sie hier Dienst versahen, also keinen definitiven Auftrag hatten und sich dementsprechend langweilten. Sie erklärten uns auch, dass man den Kibo sehen könne, wenn man die dem Mawenzi gegenüberliegenden Wände der Senke erstieg – das war uns allerdings zu viel des Guten. Obwohl das Camp zu Füßen des Mawenzi liegt, war jener leider nicht sichtbar – der scheue Kerl umhüllte sich lieber mit einer dichten Wolken- und Nebelwand.

Auch der Morgen des vierten Tages unterschied sich von den anderen nicht wesentlich, statt Ananasscheiben und Mango gab es heute Papaya und Avocado. Allerdings war es eiskalt, jede noch so kleine Pfütze, jede Schlammansammlung war gefroren; nur der Weiher war nicht eisbedeckt. Erst beim Frühstück wurde der „Zerschrundene" sichtbar – es schien, als könne man ihn fast berühren.

Nicht ohne die Ranger mit einem Trinkgeld zu bedenken, brachen wir wieder um 9:00 auf. Nach ca. 20-minütiger Wanderung auf gleichbleibender Höhe durch das Geröll der Steinwüste ging's auf einmal einige Meter hinauf und plötzlich, als würde ein Dia projiziert, prangten der Kibo und der gesamte „Sattel" vor dem matten Auge – war ja doch anstrengend, bis hierher zu gelangen. Aber allein für solche Ausblicke lohnte sich der Kraftaufwand der letzten Tage. Der gesamte Weg dieses Tages – und auch des nächsten – lag wie auf einer Landkarte verzeichnet vor uns da, selbst die Kibo-Hütte funkelte in der Ferne; und etwas weiter rechts sah man den Uniport der School Hut in der Sonne blitzten. Und damit nicht genug, nur eine winzige, unmerkliche Kopfdrehung genügte und Naremoru Village, Rongai Village, Tarakea, die Pinien-Zypressen-Plantage sowie das kenianische Tiefland bis zu den Chyulu Hills rücken ins Blickfeld – dieses Panorama sprengt alle Vorstellungskraft, unbeschreiblich!

Es ging nun etwa eine halbe Stunde zwischen flechtenüberzogenem Gestein, ausdauernden und auch dichter werdenden Grasbüscheln und doch relativ vielen Strohblumen bergab weiter. Noch war alles vereist, doch weiter unten hatte die Kraft der Sonne schon Wirkung gezeigt und wir zogen kurz über etwas schlammigen Boden dahin, nur um danach wieder bergan zu steigen. 20 Minuten später war auch diese Talschulter erklommen – Kibo wieder vor uns, Mawenzi hinter uns. In deutlich abgeschwächter Form wiederholte sich das 'rauf-'runter-Spielchen noch einmal und kurz nach 11:00 war der „Sattel" erreicht. Von da ging's bis zur Kibo-Hütte kontinuierlich bergan, sachte zwar, aber ziemlich lange. Und wieder – wie mit einem scharfen Messer abgeschnitten – endete alle Vegetation, es gab nur mehr Asche, Grus, Sand, Schotter, in unregelmäßigen Abständen kopfgroße Lavabrocken, nichts sonst – außerirdisch. Und auch ziemlich kontemplativ, man geht hier nicht, man wandert hier nicht, man zieht hier dahin.

Lediglich zwei Ansammlungen von größeren Felsen bieten Abwechslung; je nach Geschwindigkeit wird die erste oder die zweite zur Rast genutzt. Und die Sonne brennt herunter! Für Simons Lippen und Nase war das gar nicht gut. Ich benutzte eine schrill-gelbe Zink-Creme – sieht zwar etwas merkwürdig aus, hält aber fast jede Strahlung ab – steht aber im Verdacht, der menschlichen Gesundheit nicht unbedingt zuträglich zu sein. Grundsätzlich betrachtet, ist's auch hier oben noch warm, jedoch selbst der geringste Windhauch bringt unglaubliche Kälte von den Gipfeln – und meist weht ein veritabler Wind. Gegen Mittag zogen von unten Wolken herauf und heftiges Nebeltreiben begann, die beiden Gipfel waren aber noch lange sichtbar. Hin und wieder trieb der Wind auch Schmetterlinge vorbei, sonst gab es nur Spinnen, Eidechsen, Krähen. Kurz nach 12:00 zweigte rechts der Weg zur School Hut ab und links sah man bereits am Horizont die Karawanen der Marangu-Route ziehen. Gegen 14:00 mündete der Weg vom Mawenzi Tarn Camp in die Marangu-Route ein – ein Schock!

Bis hierher wandelten wir auf Pfaden, jetzt waren wir plötzlich auf einer „Autobahn". Es ging zwar nicht schneller voran, aber die Breite, die Breite – ca. 4 m. Das kam nicht von irgendwoher, nein, pausenlos wurden wir von mehr oder weniger fröhlichen Trägerkolonnen und durchweg erschöpften Touristen überholt; die Marangu-Route ist etwas steiler als unser Pfad. Vorbei war's mit der Einsamkeit am Berg, ab jetzt gab die nackte Verbrüderung den Ton an, peinlich. 15 Minuten später war die Kibo-Hütte erreicht. Obwohl der Februar eigentlich eine „tote Saison" ist, gab sich hier die ganze Welt ein Stelldichein – Polen, Briten, Deutsche, Österreicher, Italiener, US-Amerikaner, Australier, Japaner, Südafrikaner. Was mich an diesem Treiben am meisten erstaunte, war die Individualität der Temperaturempfindung – manche kamen in T-Shirt und kurzer Hose daher, andere wiederum waren mit Kleidung geradezu vollgepackt – Daunen-Anorak, Fleece-Shirt, dicke Haube, Handschuhe, manche trugen – hier in der Steinwüste! – sogar Gamaschen.

Auch wenn der Geist willig ist, das Fleisch wird aufgrund eines undichten Zeltbodens sehr schnell schwach. Eigentlich ist für Wanderer der Rongai-Route hier offiziell nur eine Nächtigung im Zelt erlaubt. Unser erster Weg führte aber dennoch zum obersten anwesenden Ranger. Ob denn noch zwei matratzenbestückte Betten in der Tourist Hut frei wären? Aber klar, natürlich, macht US$ 10,00/Person. Sie wanderten sofort in seine Tasche und blieben ziemlich sicher auch dort. Uns wurden zwei Betten im ersten Raum zugeteilt, in welchem sich bereits vier US-Amerikaner und ein Brite aufhiel-ten. Durchwegs sehr

School Hut mit Küchen-Uniport

redselige Menschen, die offensichtlich unter Schlafstörungen litten. Sie quassel-ten die halbe Nacht – also bis zum Abmarsch – und malten alle möglichen und unmöglichen Schrecknisse der bevorstehenden Besteigung an die Wand. Gräss-lich!

Nachdem ich bereits dreimal den Gipfelsturm hinter mich gebracht hatte und diesmal die Recherche-Arbeit im Vordergrund stand, gab ich dem Besuch der School Hut den Vorzug. Simon quälte sich also um 23:00 alleine aus den Dau-nen, frühstückte kärglich – Tee und einige Kekse – und marschierte gegen 23.30 mit meinen Segenswünschen ab, die Amerikaner und der Brite folgten eine halbe Stunde später. Ich konnte endlich in Ruhe schlafen und entgegen der oft kolpor-tierten Meinung, dass man auf dieser Höhe (4.703 m) nicht mehr wirklich schla-fen könne, tat ich dieses sehr gut und sehr fest.

Um 7:00 weckten mich allerdings Harndrang und die Sonne, die mir direkt in die Augen stach. Es war ein merkwürdiges Gefühl, durch das absolut leere Camp zu gehen – Träger und Ranger schliefen noch, die Touristen waren unterwegs zum Uhuru Peak. Ich war allein und irgendwie konnte ich plötzlich George – unseren immer abwesenden *Guide* – begreifen. Der Massenauflauf verträgt sich einfach nicht mit der Majestät des Berges und jeder hat eben seine individuelle Grenze. Bei George war diese offensichtlich schon bei einem Begleiter über-schritten.

Einige Minuten nach dieser Erkenntnis tauchte noch ein Mitglied der polnischen Gruppe auf, auch sie verzichtete freiwillig auf den Gipfel- respektive Kraterrand-Sturm. Wir frühstückten gemeinsam und bekamen auch nicht mehr als die Gipfelstürmer – offensichtlich waren Menschen, die freiwillig unten blieben, von den Tour Operators nicht vorgesehen. Um ca. 8:00 – es war eiskalt, noch windstill und strahlend blauer Himmel spannte sich über unsere Köpfe – schleppten sich die ersten Opfer der Höhenkrankheit ins Camp zurück bzw. wurden geschleppt. Im ersten Moment wollte ich sie noch befragen, ließ es dann aber bleiben, es war garantiert kein guter Moment für Interviews.

Simon war mit Gabriel aufgebrochen, George war wieder mal nirgends zu finden. Als er endlich auftauchte, war er mies gelaunt und meinte, der Weg zur School Hut nähme 2-3 Stunden in Anspruch, one way. Völliger Schwachsinn, entweder er war noch nie dort gewesen, was ich nicht glaube, oder er war einfach zu bequem. In einer Dreiviertelstunde war die ca. 150 m höher liegende Hütte auf einfachem Weg durch reine Steinwüste erreicht; ich checkte die Hütte, sprach mit den Rangern und nach insgesamt zwei Stunden waren wir wieder auf der Kibo-Hütte. Hakuna matata! Es war 10:30 und Simon kurz vor mir von Uhuru Peak zurückgekehrt. Unsere fünf Zimmerkollegen schafften es ebenfalls.

Obwohl Simons Geist noch weitestgehend am Uhuru Peak weilte als hier beim Rucksackpacken, schafften wir den Abmarsch doch um 11:30. Die Möglichkeit, über die Upper Route abzusteigen – unterwegs können die Zebra Rocks bestaunt werden – bedachte er nur mit einem müden Lächeln, musste doch ein mächtiger Lavastrom überschritten werden. Auf der Lower Route geht's fast durchgehend bergab, nur unwesentliche Steigungen stellen sich in den Weg. Als wir um 14:25 die Horombo-Hütten erreichten, waren wir zurück in der Zivilisation in Form von gefliesten Nassräumen, permanent telefonierenden Menschen, einer hämmerte seine Erlebnisse in einen Laptop, Radiomusik schallte durchs Lager, beim Caretaker konnten Sodas und Bier bestellt werden. Es war faszinierend und abschreckend zugleich. Da der Caretaker der Kibo-Hütte bereits heute Morgen aufgrund von Ablöse abgestiegen war und versprochen hatte, mit dem hiesigen Caretaker ein Arrangement in unserem Sinne zu treffen, empfing uns dieser freundlichst – wir waren ja nicht zu übersehen oder zu verwechseln: Simons Gesicht war dick mit weißer Creme überzogen, meines war von schrillem Gelb bedeckt – und geleitete uns zu unserer Hütte – aber klar, natürlich, macht US$ 10/Person. Sofort nach Bezug erschien Kumula, brachte heißes Wasser und meinte, der

Imbiss würde in 10 Minuten in der Gemeinschaftshütte/dining hall serviert werden. So schnell habe ich noch nie etwas abgelehnt, Simon wunderte sich mächtig. Aber als er der – teils bereits grölenden – Horden in der großen Hütte ansichtig wurde, hieß er meine Ablehnung postwendend gut und meinte, man sollte vielleicht auch das Dinner auf den drei Stufen zu unserer Schlafhütte einnehmen. Das war vielleicht doch zu unbequem und obwohl es ziemlich frisch war, dinierten wir dann zum Erstaunen aller Träger und *Guides* auf der Terrasse der Gemeinschaftshütte.

Da es, außer dass es kurz nach der Mandara-Hütte wie aus Kübeln zu gießen begann und erst bei Erreichen des Hotels wieder aufhörte, nichts mehr Nennenswertes zu berichten gibt und auch der weitere Weg zum Marangu HQ bereits andernorts beschrieben wurde, möchte ich noch etwas zur Ehrenrettung dieser beiden Routen anmerken.

Im Urwald der Marangu-Route

Speziell die heute allgemein Naremoru-Route genannte Rongai-Route führt in der Literatur ein unverdientes Dornröschen-Dasein. Das rührt ganz einfach daher, dass die alte originale Routenführung mit Start in Rongai Village noch bis in jüngste Vergangenheit ein fürchterlicher Trampelpfad war. Mittlerweile ist der Weg – zumindest in der Kikilelwa Variante – zu 80 % komplett neu; und mit dem neuen Wegverlauf ein regensicherer noch dazu. Botanisch betrachtet hinkt der Regenwaldabschnitt den anderen Routen sicherlich etwas nach, doch dafür sind die Heidezone und die Übergangszone zu dieser mit einer unglaublichen Wildheit gesegnet – und Regenwald gibt's beim Bergabgehen auf der Marangu-Route noch genug.

Auch diese, ehemals stark malträtierte Route ist mittlerweile mit einer regensicheren Weg-Konstruktion gesegnet (ab/bis Horombo-Hütten); um dieses zu realisieren, wurde streckenweise auch ein neuer – flacherer – Wegverlauf kreiert. Botanisch betrachtet, verfallen viele Autoren in den Zwang, diese Route unbedingt mit anderen vergleichen zu müssen. Es stimmt natürlich, neben einer Umbwe-Route fällt die Marangu-Route, was das Natur-Erlebnis anbelangt, etwas ab, keine Frage. Man bezahlt dieses Naturerlebnis aber mit enormer körperlicher Anstrengung, wegen eines deutlich erhöhten Steigungswinkels und des zumindest teilweise naturbelassenen Weges. Allerdings ist die Umbwe-Route mittlerweile zumindest großteils aufgrund von Neuanlage in den unteren Passagen regensicher. Das Einzige, was auf der Marangu-Route für bestimmte Personen wirklich von Nachteil sein kann, sind die vielen Menschen, die unterwegs sind.

Erstklassige Wegkonstruktion im Urwald der Marangu-Route

Die vorgestellte Variante (Rongai-Route rauf, Marangu-Route runter) bietet viele Vorteile gegenüber anderen Möglichkeiten der Besteigung: Abgesehen vom Anstieg zum Kraterrand ist sie nicht besonders anstrengend, der Wegverlauf via Kikilelwa Camp kommt der Akklimatisation/Adaption entgegen. Bezüglich Landschaft im Allgemeinen und Botanik im Speziellen ist diese Routenführung einfach perfekt. Obwohl vielleicht etwas zweischneidig, muss als Pluspunkt auch die Möglichkeit von Tierbeobachtungen angeführt werden. Und im Gegensatz zur Besteigung via Marangu-Route geht man nicht denselben Weg hin und zurück.

Literatur

Antiquarisches

▷ Burton, Sir Richard Francis, „The Lake Regions of Central Africa", 1860 (2 Bde), die Sektion über den Kilimanajro ist jedoch relativ kurz.

▷ Johnston, H.H. Der Kilima-Ndjaro. Forschungsreise im östlichen Aequatorial-Afrika. Nebst einer Schilderung der naturgeschichtlichen und kommerziellen Verhältnisse sowie der Sprachen des Kilima-Ndjaro-Gebietes

▷ Kersten, O. „Baron Carl Claus von der Decken's Reisen in Ost-Afrika in den Jahren 1859 bis 1865" (2. Bd.), 1871 im Auftrage der Mutter des Reisenden Fürstin Adelheid von Pless herausgegeben. Der zweite Band erzählt vom Kilimanjaro

▷ Krapf, J. L. (1858): „Reisen in Ostafrika" 1837-1855 (2 Bde.), eine unveränderte Reprintausgabe von 1964 (Hanno Beck, Stuttgart) liegt vor, ist aber auch nur antiquarisch erhältlich.

▷ Meyer, Hans, „Zum Schneedom des Kilimandscharo", 1888, beschreibt den 1. Versuch.

▷ Meyer Hans, „Ostafrikanische Gletscherfahrten", beschreibt die Erstbesteigung.

▷ Meyer Hans „Der Kilimanjaro – Reisen und Studien", 1900, eine Gesamtdarstellung

▷ Gutmann Bruno „Die Stammeslehren der Dschagga", 3 Bände 1932 – eine umfassende Beschreibung

▷ Widenmann, Dr. A. „Die Kilimandscharo-Bevölkerung". Anthropologisches und Ethnographisches aus dem Dschaggalande, 1899.

Kibo und Horombo-Huts

Aktuell Erhältliches

Neben den bereits im Band „Tansania: Kilimanjaro" aus dem Conrad Stein Verlag angegebenen Titeln gibt es lediglich:

▷   Hans Meyer „Die Erstbesteigung des Kilimandscharo", Edition Erdmann, Stuttgart, gute Reprintausgabe der „Gletscherfahrten"

▷   „Kilimandscharo – der weiße Berg Afrikas" + „Traumberg Kilimandscharo", beide P. W. Lange, AS Verlag, Zürich, das Erste eine hervorragend recherchierte, theoretische Publikation, das Zweite ein einfühlsamer Erlebnisbericht – beide zur Einstimmung wärmsten empfohlen, viele schöne Fotos, umfangreiche Bibliographie.

▷   „Kilimandscharo – die deutsche Geschichte eines afrikanischen Berges", Christof Hamann + Alexander Honold, Verlag Klaus Wagenbach, Berlin, faszinierende theoretische Abhandlung, viel Geschichte, Psychologie, Philosophie

Buchtipps aus dem Conrad Stein Verlag

Trekking

Michael Hennemann
OutdoorHandbuch Band 7
Basiswissen für draußen
96 Seiten ▸ 25 farbige Abbildungen
4 Skizzen und Illustrationen

ISBN 978-3-86686-354-5

>> **trekking-Magazin**: *„Das Buch hilft beim Zusammenstellen der optimalen Ausrüstung, damit die Tour mit Zelt und Rucksack gelingt."*

Bergwandern

Tim Castagne
OutdoorHandbuch Band 9
Basiswissen für draußen
96 Seiten ▸ 20 farbige Abbildungen
20 Skizzen und Illustrationen

ISBN 978-3-86686-009-4

>> **zermattportal.de**: *„...sollte allen Wanderern ans Herz gelegt werden, die aus ihrem Outdoor-Urlaub ein sicheres und erholsames Vergnügen machen wollen"*

Trekking ultraleicht

Stefan Dapprich
OutdoorHandbuch Band 184
Basiswissen für draußen
160 Seiten ▸ 47 farbige Abbildungen
6 farbige Illustrationen und 3 farbige Diagramme

ISBN 978-3-86686-551-8

>> **BergLust**: *„Der passionierte Wanderer Stefan Dapprich zeigt, dass man auch mit leichtem Gepäck nicht auf Sicherheit und Komfort verzichten muss - mit Tipps zum Kauf, zum Selbermachen und Weglassen."*

Buchtipps aus dem Conrad Stein Verlag

Ausrüstung I
von Kopf bis Fuß

Markus Gründel & Johann Schinabeck
OutdoorHandbuch Band 100
Basiswissen für draußen
192 Seiten ▸ 70 farbige Abbildungen

ISBN 978-3-86686-417-7

>> **Reisebücher Wanderführer (Blog):** *„Dieses Outdoor-Handbuch vermittelt die notwendigen Informationen für einen sinnvollen Kauf von Ausrüstung."*

How to shit in the woods
(Wie man im Wald sch...)

Ulrike Katrin Peters & Karsten-Thilo Raab
OutdoorHandbuch Band 103
Basiswissen für draußen
96 Seiten ▸ 24 farbige Abbildungen
15 Skizzen und Illustrationen

ISBN 978-3-86686-476-4

>> **Wanderlust:** *„Die Autoren Ulrike Katrin Peters und Karsten-Thilo Raab bieten zu diesem drängenden Thema eine gleichermaßen nützliche wie vergnügliche Lektüre."*

Klettersteiggehen
Ausrüstung, Sicherheit, Tourenplanung

Christian K. Rupp
OutdoorHandbuch Band 395
Basiswissen für draußen
ca. 160 Seiten ▸ ca. 50 farbige Abbildungen

ISBN 978-3-86686-519-8

NEU im Sommer 2017